Claus Mikosch

Der kleine Buddha und die Sehnsucht nach Frieden

Claus Mikosch

Der kleine Buddha

und die Sehnsucht nach Frieden

HERDER

FREIBURG · BASEL · WIEN

für meinen Vater

MIX
Papier aus verantwortungsvollen Quellen
FSC® C014496

www.herder.de

Einbandgestaltung: Tanja Geier, Nice Day Advertising
Coverillustrationen: © Gert Albrecht, mystel/shutterstock.com
Innenvignetten: www.shutterstock.com

Satz: Arnold & Domnick, Leipzig
Herstellung: GGP Media GmbH, Pößneck

Printed in Germany

ISBN 978-3-451-03440-4

Inhalt

Die Sehnsucht nach Frieden ... 7

Der ruhelose Perfektionist ... 12

Der lachende Bauer ... 21

Die unschuldige Mücke ... 31

Der lauschende Nussknacker ... 38

Die zauberhafte Zahnärztin ... 49

Der starke Schmied ... 58

Die sanfte Bildhauerin ... 69

Die weinende Schulklasse ... 79

Die geheimnisvolle Astrologin ... 88

Der zufriedene Hirte ... 101

Das uralte Paar ... 112

Ein besonderer Traum ... 121

Die Sehnsucht nach Frieden

Die Sonne schaute das erste Mal an diesem Tag zwischen der dicken Wolkendecke hindurch. Grau und kühl war es seit dem Morgen gewesen, weit und breit keine Spur vom blauen Himmel. Jetzt, am Nachmittag, zauberten die warmen Strahlen ein Lächeln auf das Gesicht des kleinen Buddha. Es war sein erstes Lächeln an diesem Tag.

Bereits in aller Früh hatte er Besuch bekommen. Das war nichts Ungewöhnliches, denn der kleine Buddha erhielt oft Besuch. Die Menschen kamen von überallher, um sich von seinen Geschichten inspirieren zu lassen. Es waren Geschichten, die er auf seinen Reisen gehört hatte und die er nun mit großer Freude weitererzählte. Manchmal blieben die Leute nur auf einen Tee, andere Male verbrachten sie viele Stunden mit ihm unter seinem großen alten Bodhi-Baum. Normalerweise wurde gelauscht und gestaunt und oft auch gelacht. Doch bei diesem Besuch war es anders. Bei diesem Besuch wurde die meiste Zeit geschwiegen.

Natürlich war auch das nichts Ungewöhnliches für den kleinen Buddha. Im Gegenteil, er schwieg im Grunde mehr, als er redete. Er fühlte sich wohl, wenn er von Stille umgeben war. Mehr noch, er liebte es, wenn er mit anderen zusammensaß und niemand den Drang verspürte, irgendetwas sagen zu müssen.

Es war etwas ganz Besonderes, mit anderen Menschen gemeinsam die Stille zu genießen.

Doch das Schweigen an diesem Tag war kein schönes Schweigen. Es war ein besorgtes, ein fassungsloses Schweigen. Die Frau, die ihn besucht hatte, war aus dem Norden gekommen und hatte schlechte Nachrichten mitgebracht: Ein Krieg war ausgebrochen.

Während die graue Wolkendecke über ihnen hing, berichtete die Frau, was sie wusste. Einige Wochen dauerten die Kämpfe schon an, es hatte bereits viele Verletzte und Tote gegeben. Die Schlacht fand hinter den riesigen Bergen statt – zu weit entfernt, um hierzulande große Angst zu verursachen, aber nah genug, um tief betroffen zu machen. Ein Krieg. Schon wieder.

Das wirklich Traurige daran war jedoch weniger diese Nachricht als die Tatsache, dass neue Kriege kaum noch jemanden überraschten. Seitdem der kleine Buddha denken konnte, hatte es immer irgendwo Kriege gegeben. Es schien fast so, als gehörten sie zum Leben dazu.

Als die Frau weitergezogen war, blieb er noch lange auf dem flachen Stein unter seinem Baum sitzen und starrte ins Leere.

Er konnte sich nicht vorstellen, selbst an einem bewaffneten Konflikt beteiligt zu sein. Egal, ob es sich um einen großen Kampf zwischen Königreichen handelte oder um eine Auseinandersetzung zwischen Nachbarn. Natürlich gab es manchmal gute Gründe, sich zu streiten, die Menschen hatten schließlich nicht immer dieselbe Meinung und begingen auch Fehler. Aber deswegen andere zu verletzen oder gar zu töten? Für ihn ergab das absolut keinen Sinn. Es fühlte sich nicht richtig an, Probleme mit Gewalt zu lösen. Und trotzdem geschah es täglich. Warum war das so?

Der kleine Buddha dachte angestrengt nach. Vielleicht hatte er etwas nicht richtig verstanden. Mit Sicherheit gab es Antworten, die er noch nicht kannte. Fragen hatte er jedenfalls genügend: Waren Kriege etwas Natürliches? War ein Leben ohne Gewalt nicht möglich? Und was war eigentlich verkehrt am Frieden? Es waren schwierige Fragen. Und die Antworten, waren sie auch schwierig? Oder waren sie vielleicht ganz einfach?

Auf seinen vielen Reisen hatte der kleine Buddha schon unzählige Abenteuer erlebt. Er hatte eine Wüste durchquert und in einer Höhle geschlafen, war auf einen Vulkan geklettert und übers weite Meer gesegelt. Er war stets neugierig und freute sich immer unheimlich, wenn er die Gelegenheit bekam, etwas Neues auszuprobieren. Manchmal träumte er auch von den vielen Möglichkeiten, die in der Zukunft lagen, und von den spannenden Momenten, die er eines Tages erleben würde. Aber von Krieg träumte er nie. Noch nie hatte er den Wunsch verspürt, eine brutale Schlacht am eigenen Leib zu erfahren.

Er schüttelte langsam den Kopf, dann wanderte sein Blick zum grauen Horizont. Ob es Menschen gab, deren Traum es war, in den Krieg zu ziehen?

Es musste ein schreckliches Gefühl sein, dachte er, auf dem Schlachtfeld zu stehen und ringsherum von Gewalt umgeben zu sein. Ob ein Mensch solche Erfahrungen je vergessen konnte? Ob er denen, die ihm Leid angetan hatten, vergeben konnte? Ob er sich seine eigenen Taten vergeben konnte?

Je länger er seinen Gedanken und Gefühlen lauschte, desto mehr verspürte der kleine Buddha eine Sehnsucht nach Frieden. Er wünschte sich eine Welt, in der es keine Nachrichten über neue Kriege geben würde. Eine friedliche Welt. Und weil er es sich so sehr wünschte, fragte er sich, was passieren musste, damit sein Wunsch eines Tages Wirklichkeit werden würde.

Ein kleines Loch tat sich in der Wolkendecke auf, wie eine blaue Insel im grauen Meer. Er erinnerte sich an die Schriftstellerin, die er auf seiner letzten Reise kennengelernt hatte. Sie hatte damals an einem Buch über den Frieden geschrieben. Ob sie inzwischen damit fertig war? Er würde es nur allzu gerne lesen und erfahren, welche Gedanken sie sich dazu gemacht hatte. Und überhaupt: Was dachten andere Menschen über den Frieden?

Just in diesem Moment blinzelte die Sonne durch die Lücke in der Wolkendecke. Als der erste warme Strahl seine Wangen berührte, lächelte der kleine Buddha. Genau das war es, was er tun wollte: herausfinden, was die Menschen über den Frieden in der Welt dachten und ob sie noch an ihn glaubten.

Über die Jahre hatte der kleine Buddha das Glück und die Liebe erforscht, hatte die Kraft der Veränderung entdeckt, den Lauf der Zeit bewundert und die ganze Welt zu seinem Zuhause gemacht. Jetzt wartete ein neues Abenteuer auf ihn: Frieden finden! Er wusste nicht, wohin die Reise dieses Mal ging und auf welche Antworten er stoßen würde. Aber tief im Inneren war er sich sicher, dass er nicht der Einzige war, der sich nach Frieden sehnte.

Der ruhelose Perfektionist

Am folgenden Morgen traf der kleine Buddha die üblichen Reisevorbereitungen. Er wusch seine alte Umhängetasche, füllte seine Trinkflasche mit frischem Wasser und kehrte gründlich unter seinem Baum, damit er alles sauber zurücklassen konnte. Als er fertig war, setzte er sich auf den flachen Stein und überlegte, in welche Richtung er gehen sollte. Insgeheim hoffte er auf irgendein Zeichen, das ihm den Weg weisen würde – ein Windstoß, ein vorbeigleitender Vogel, das Funkeln eines Sonnenstrahls. Eine plötzliche Eingebung, die sagte: „Dort entlang!“ Doch ein klares Zeichen blieb vorerst aus. Also schloss der kleine Buddha die Augen, beobachtete gleichmütig seinen Atem und wartete.

Bald schlichen sich zahlreiche Gedanken ein. Er fragte sich, an welchen Orten er wohl am ehesten Menschen treffen würde, die etwas über Frieden zu sagen hätten? Vielleicht sollte er wieder in die Berge gehen, denn umgeben von den hohen Gipfeln hatte er eine unglaubliche Ruhe erlebt. Aber wenn er in die Berge reisen würde, käme er näher an den Krieg heran. Also vielleicht doch besser wieder ans Meer? Kurz darauf fiel ihm ein, dass er zuvor noch etwas Proviant bei seinem Freund, dem Bauern, besorgen musste. Dann, wie aus dem Nichts, eine Stimme:

„Hallo?“

Der kleine Buddha zuckte zusammen und riss die Augen auf.

„Entschuldigung, wo geht es zur großen Stadt?"

Vor ihm stand ein Mann mittleren Alters mit wilden, extrem buschigen Augenbrauen und einem großen, grünen Koffer, den er neben sich abstellte.

„Wie bitte?"

„Zur großen Stadt! In welche Richtung?"

Der kleine Buddha wandte sich nach links und zeigte auf den Weg.

„Immer geradeaus."

„Danke", sagte der Mann und griff entschlossen nach seinem Koffer.

„Warum willst du denn in die große Stadt?", hakte der kleine Buddha nach. Er war wie immer neugierig.

Der Mann zögerte, dann ließ er den Koffer wieder los, setzte sich auf dessen Kante und verkündete stolz:

„Weil ich auf der Suche bin."

„Auf der Suche?"

„Ja. Ich suche den perfekten Ort!"

Einen Moment lang sahen sich die beiden schweigend an. Dann sah der Mann in die Richtung, in die der kleine Buddha kurz zuvor gezeigt hatte. Sein suchender Blick strahlte Nervosität und Ruhelosigkeit aus.

„Und du glaubst, die große Stadt könnte der perfekte Ort sein?"

„Das weiß ich nicht", sagte der Mann mit einem Schulterzucken. „Deswegen muss ich hin – um es herauszufinden."

Der kleine Buddha nickte. Er fand, dass es eine gute Idee war, den eigenen Fragen nachzugehen und zu erkunden, welche Antworten es darauf gab. Aus demselben Grund wollte er seine Friedensreise machen.

„Warst du schon mal in der großen Stadt?“, erkundigte sich der Mann.

„Ja.“

„Und?“

Der kleine Buddha schloss die Augen und wühlte in seinen Erinnerungen.

„Ich mag die Stadt. Sie ist bunt und aufregend und steckt voller Möglichkeiten.“ Dann öffnete er die Augen wieder. „Aber sie ist auch laut und anstrengend.“

Der Besucher rümpfte die Nase.

„Laut und anstrengend ...“, flüsterte er zu sich selbst. „Das hört sich nicht sehr vielversprechend an.“

„Oh, das tut mir leid“, sagte der kleine Buddha sogleich, „ich wollte dir nicht die Hoffnung rauben.“

„Ach“, seufzte der Mann, „die Hoffnung habe ich sowieso schon längst verloren.“

„Wirklich? Und warum suchst du trotzdem weiter?"

Der Mann ließ den Kopf hängen, doch schon im nächsten Augenblick nahm er wieder eine aufrechte, sich selbst ermutigende Haltung ein.

„Es stimmt, dass ich nicht mehr viel Hoffnung habe, aber ich bin weiterhin felsenfest davon überzeugt, dass es den perfekten Ort geben muss!" Er atmete tief ein, als würde ihn die frische Luft vor weiteren Zweifeln schützen, aber kaum hatte er ausgeatmet, sackte er schon wieder kraftlos in sich zusammen. „Ich weiß nur nicht, wo ich diesen Ort finden soll", klagte er und fügte hinzu: „Ich werde nicht aufgeben, aber die Suche gestaltet sich äußerst mühselig."

Der kleine Buddha wusste nicht so recht, was er von den Worten seines Gegenübers halten sollte. War es gesund, trotz Misserfolgen ewig an einer Überzeugung festzuhalten? Gleichzeitig bewunderte er die Hartnäckigkeit des Mannes. Er überlegte, ob er ihm vielleicht irgendwie helfen konnte.

In seinem bisherigen Leben hatte der kleine Buddha schon oft anderen Menschen helfen können. Meistens passierte das, indem er zuhörte oder mitanpackte. Manchmal fand sich die Lösung auch anhand einer passenden Geschichte, die er zu erzählen wusste, denn in Geschichten steckte eine ganz besondere Heilkraft, die direkt die Herzen der Menschen erreichte. Dieses Mal entschied sich der kleine Buddha jedoch für eine ganz andere, von ihm aber mindestens genauso geschätzte Art der Hilfe: dem Fragenstellen!

„Was glaubst du, wieso du den perfekten Ort bisher nicht gefunden hast?"

„Ich hatte einfach noch kein Glück“, kam die rasche Antwort.

„Aha“, erwiderte der kleine Buddha skeptisch. „Also ist nur das fehlende Glück schuld?“

Der Mann wollte erneut schnell antworten, hielt dann aber inne und zupfte nachdenklich an seinen Augenbrauen herum. Es waren die buschigsten Augenbrauen, die der kleine Buddha je gesehen hatte.

„Vielleicht liegt es auch an meinen Erwartungen“, sagte der Mann nach einer Weile. „Für mich muss immer alles perfekt sein, sonst bin ich nicht zufrieden.“

„Und woher weißt du, wann ein Ort perfekt ist?“

„Das ist doch klar“, sagte der Perfektionist. „Ein Ort ist dann perfekt, wenn ich mich an ihm immer wohlfühle.“

Der kleine Buddha schaute ihn verwundert an. Er wollte ihn eigentlich fragen, ob er glaubte, dass es überhaupt möglich war, sich an einem Ort immer wohlzufühlen. Stets glücklich sein – ging das überhaupt? Und war das wirklich nötig? Aber er wollte den armen Mann nicht schon wieder verunsichern.

„Was war denn mit den Orten, an denen du bisher warst, nicht in Ordnung?“

Der Mann reagierte mit einem weiteren Seufzer.

„Zu Beginn ist immer alles gut, dann sehe ich nur die schönen Seiten des neuen Ortes und empfinde ein Gefühl der Erfüllung, so, als wäre ich endlich angekommen. Doch nach einer gewissen Zeit komme ich immer an diesen Punkt ...“ Er rutschte unruhig auf seinem Koffer hin und her. „... an dem ich merke, dass mich etwas stört.“

„Und was?“

„Häuser, die zu klein oder zu groß sind, zu wenige Straßen oder fehlendes Grün, eine Landschaft, die zu bergig oder zu flach ist. Das Wetter ist auch oft ein Problem, es ist zu kalt oder zu warm, zu feucht oder zu trocken. Und dann natürlich die Menschen! Entweder gibt es zu viele oder zu wenige, entweder sind sie zu ruhig oder zu laut, zu brav oder zu aufsässig. Kurzum: Irgendein Problem taucht leider immer auf.“

Nun war es der kleine Buddha, der einen Seufzer ausstieß. Vielleicht war es doch nicht möglich, dem Mann zu helfen.

„Glaubst du denn wirklich“, fragte er vorsichtig, „dass es einen Ort gibt, an dem dich rein gar nichts stört?“

Der Perfektionist sah ihn mit ernster Miene an. Wie vermutet, war das nicht die Frage, die er hatte hören wollen.

„Und selbst wenn ein solcher Ort existieren würde“, fuhr der kleine Buddha fort, „ist die Welt doch viel zu groß. Du könntest dein ganzes Leben lang suchen, ohne diesen Ort je zu finden.“

Aber der Mann dachte gar nicht daran, von seiner Idee abzulassen.

„Und wenn ich in jeden Winkel dieser Welt reisen muss, ich werde es schaffen“, zischte er leise. „Ich werde es schaffen ...“

Es war vergebens, dachte der kleine Buddha. Der Mann war besessen von der Suche nach dem perfekten Ort – einer Suche, die von vorneherein zum Scheitern verurteilt war. Denn war es nicht völlig absurd, anzunehmen, es könnte einen perfekten Ort geben? Sowohl Menschen als auch Orte änderten sich ständig. Situationen, Gefühle, Gedanken, alles war in konstanter Bewegung. Wenn überhaupt irgendetwas perfekt sein konnte, dann nur ein einzelner Moment. Oder mehrere perfekte Momente hintereinander. Aber immer alles wunderbar? Nie ein Konflikt, nie ein schlechter Tag? Das war schlicht unmöglich. Es gab keinen perfekten Ort, genauso wie es keine perfekte Arbeit und keinen perfekten Partner gab.

Der kleine Buddha wusste jedoch, dass es zwecklos war, zu versuchen, den Perfektionisten mit Worten zu überzeugen. Solange dieser glaubte, ein Ort ohne Probleme würde wirklich irgendwo existieren, solange waren seine Worte machtlos. Einzig das Leben konnte ihn eines Besseren belehren.

„Wer weiß“, sagte der kleine Buddha schließlich, „vielleicht hast du ja tatsächlich Glück und wirst in der großen Stadt das finden, was du suchst.“

Der Mann hörte allerdings schon gar nicht mehr richtig zu und ließ stattdessen seinen Blick prüfend umherwandern.

„Ich muss stets achtsam sein ...“

Er zögerte, dann schaute er dem kleinen Buddha direkt in die Augen.

„Der perfekte Ort könnte überall sein“, sagte er, die Stirn von Sorgenfalten überzogen. „Stell dir vor, er läge direkt vor mir und ich würde ihn nicht bemerken!“

Der kleine Buddha begann zu lächeln.

„Ja, vielleicht ist er genau hier, wo wir jetzt gerade sitzen.“

Wenig später war der Mann weitergezogen. Der kleine Buddha saß alleine unter dem Bodhi-Baum und dachte über das seltsame Leben des Perfektionisten nach. Wie frustrierend und kräftezehrend es sein musste, sich immer auf der Suche zu befinden. An jedem Ort hatte er etwas auszusetzen und fand immer einen Grund, weiterzuziehen. Es gab kein Zurruhekommen, kein Zufriedensein. Das Reisen des Perfektionisten war nicht wie das erfüllende Umhertreiben eines neugierigen Nomaden, sondern wie eine ständige Jagd nach Vollkommenheit. Und war diese verbissene Suche nicht sogar eine Art Krieg?

War Frieden möglich, solange Unzufriedenheit herrschte?

Der kleine Buddha erinnerte sich an Herrn Singh, den Reisenden, der noch nie gereist war. Er hatte ihn vor vielen Jahren bei seinem ersten Besuch in der großen Stadt getroffen. Vielleicht hätte er dem Perfektionisten von ihm erzählen sollen, die beiden hätten sich bestimmt gut verstanden. Der eine machte nie den ersten Schritt, der andere blieb nirgendwo lange stehen, aber beiden war die Vorstellung gemein, dass das Glück immer irgendwo in der Zukunft lag.

Und dann wurde dem kleinen Buddha mit einem Mal bewusst, dass der Perfektionist das Zeichen gewesen war, auf das er gehofft hatte. Das Zeichen, das ihm signalisieren würde, wo seine Reise hinging. Denn genauso wenig, wie das Glück immer in der Zukunft liegen konnte, genauso wenig konnte es immer in der Ferne liegen. Der kleine Buddha hatte schon so viele weite Reisen unternommen, vielleicht war die Zeit gekommen, seine eigene Nachbarschaft zu erkunden. Wenn die Berge und das Meer etwas über das Wesen des Friedens zu sagen hatten, warum dann nicht auch die nahen Felder und der Himmel direkt über ihm?

Der kleine Buddha atmete einige Male tief ein und aus, dann lächelte er. Der Perfektionist hatte ihm nicht nur den Weg für seine neue Reise gezeigt, sondern ihm auch etwas anderes deutlich gemacht. Etwas, das leicht übersehen wurde, wenn nach dem Grund für all die großen Schlachten gesucht wurde. Der kleine Buddha fühlte mehr denn je: Wahrer Frieden in der Welt war nur möglich, wenn die Menschen die Kriege in ihrem eigenen Innern beilegen würden.

Der lachende Bauer

Den ganzen nächsten Tag blieb der kleine Buddha unter dem Bodhi-Baum sitzen. Anstatt auf Reisen zu gehen und in der Ferne neue Orte zu entdecken, wollte er seiner unmittelbaren Umgebung die volle Aufmerksamkeit schenken. Er wollte sein Zuhause erforschen, mit alten und neuen Freunden über den Frieden sprechen und sich vom Leben überraschen lassen. Welch besseren Ausgangspunkt hätte es geben können als genau hier und jetzt?

Er schaute zum Himmel und ließ das sanfte Blau auf sich wirken, lauschte den singenden Vögeln und fühlte den frischen Wind auf der Haut. Ein wilder Duft wehte aus dem nahen Wald herüber, weiße Wolken tanzten über ihm und der flache Stein, auf dem er saß, fühlte sich nach Heimat an. Alles vertraut und doch alles anders. Es musste so sein, denn jeder Moment war einzigartig.

Nach einer Weile schweiften seine Gedanken ab zum Vortag, zum Besuch des Perfektionisten. Der kleine Buddha hätte ihn noch gerne gefragt, warum er so sehr davon überzeugt war, dass es den perfekten Ort gab und warum er überhaupt perfekt sein musste. Was trieb den Mann zu dieser verzweifelten Suche?

Vielleicht fehlte ihm irgendetwas, dachte der kleine Buddha. Vielleicht lief er insgeheim vor etwas davon. Hatte er womöglich Angst, einen Ort lieben zu lernen? Der kleine Buddha konnte nur Vermutungen anstellen. Doch eines war sicher:

Egal, ob es in die weite Ferne ging oder in die innere Welt – jede Reise war schöner, wenn sie kein Ziel verfolgte. Wenn die Reise selbst das Ziel sein durfte.

Die erste Person, mit der er über Frieden sprechen wollte, war sein alter Freund, der Bauer. Früh am nächsten Morgen ging der kleine Buddha los und suchte nach ihm. Normalerweise traf er ihn auf einem der Felder an, doch an diesem Morgen fehlte von dem Bauern jede Spur. Er versuchte es in seinem alten Haus, ging in die Küche und rief den Keller hinunter. Alle Türen standen offen, aber niemand war da. Wo konnte er sein? Der kleine Buddha schaute im angrenzenden Gemüsegärtchen nach und in der Scheune – nichts. Erst als er wieder auf dem Hof stand und eine Weile innehielt, hörte er aus der Ferne ein dumpfes Schlagen. Der kleine Buddha folgte dem Geräusch und schon bald darauf hatte er seinen Freund gefunden – und zwar an dem einzigen Ort, an dem er nicht gesucht hatte: im Obstgarten!

Der Bauer hatte einen großen Birnbaum beschnitten und war nun dabei, das Holz einzusammeln.

„Darf ich dir helfen?“, fragte der kleine Buddha sofort.

„Gerne“, sagte der Bauer.

Nach und nach hoben sie die vielen dicken und dünnen Äste auf. Es war wirklich erstaunlich, dachte der kleine Buddha, wie viel Holz an einem einzigen Baum wuchs. Der Bauer betrachtete dies als Geschenk, das er gerne annahm und zum Kochen und Heizen benutzte.

„Im Grunde genommen ist es ein Tausch", wandte der kleine Buddha ein. „Schließlich pflegst du den Baum."

„Das stimmt. Aber eigentlich bräuchte der Baum meine Hilfe gar nicht. Er würde sehr gut alleine zurechtkommen. Ich bin derjenige, der das Holz braucht und so viele Birnen wie möglich haben möchte. Deswegen beschneide ich ihn. Für mich ist es also tatsächlich ein Geschenk." Er hielt einen Moment inne, dann fügte er lächelnd hinzu: „Bäume sind unglaublich großzügig!"

Ja, das sind sie, stimmte der kleine Buddha in Gedanken zu. Er mochte, wie der Bauer über die Natur sprach und wie er sie behandelte. Es war ein friedliches Miteinander. Überhaupt war der Bauer einer der friedlichsten Menschen, die er kannte.

„Würde ich diese Großzügigkeit allerdings ausnutzen und mir zu viel nehmen", fuhr er fort, „hätte ich irgendwann die Konsequenzen zu spüren."

„Die Konsequenzen?", fragte der kleine Buddha besorgt. „Würde sich der Baum etwa rächen?"

Der Bauer lachte los. Es war ein ansteckendes Lachen, laut, aber liebevoll.

„Nein, der arme Baum kann sich nicht rächen. Ihm würde nichts anderes übrig bleiben, als mein Handeln zu ertragen.

Aber meine Gier würde das Gleichgewicht des Baumes stören. Sie würde ihn krank machen."

„Und ein kranker Baum könnte dir weniger Obst geben", sagte der kleine Buddha.

„Genau. Weniger Obst und schlechteres Holz. Letzten Endes müsste also ich leiden, weil ich den Baum ausgenutzt habe. Die Natur ist in diesem Sinne sehr gerecht."

Der kleine Buddha nickte. Die Natur war nicht nur gerecht, sondern auch unheimlich weise. Man musste ihr nur zuhören, dann war ihre Botschaft klar: Ohne Gleichgewicht konnte es keinen Frieden geben.

Als sie alles Holz eingesammelt und die Äste auf einen Karren geladen hatten, machten sie sich gemeinsam auf den Weg zum Haus. Ein braunes Pferd zog den Karren den schmalen Pfad hinauf.

„Gibt es etwas, das dir hilft, friedlich zu sein?", wollte der kleine Buddha wissen. „Etwas, das du tust, oder eine bestimmte Art, wie du denkst?"

Der Bauer zurrte die Ladung auf dem Karren fest, während er mit der Zunge schnalzend das Pferd antrieb. Der kleine Buddha ging geduldig neben ihnen her.

„Ja, es gibt etwas", sagte der Bauer schließlich. „Bewegung!" Wieder ein Schnalzen.

„Ich bewege mich den ganzen Tag. Ich gehe über Felder und durch Wälder, ich bücke mich und recke mich, ziehe, schneide, hebe, schiebe. Gleichmäßig und ohne Eile, wie ein langsamer Tanz." Er lächelte und ließ seinen Blick über das Land wandern. „Dieser Tanz löst Frieden in mir aus. Durch die fließende, ständige Bewegung fühle ich mich verbunden mit dem natürlichen Fluss des Lebens."

Der kleine Buddha ließ die Worte seines Freundes auf sich wirken. Ein friedlicher Tanz – was für ein herrliches Bild! Und was für ein einfaches Mittel, um Frieden zu schaffen.

Er fragte sich, ob er sich nicht auch besser etwas mehr bewegen sollte, denn allzu oft saß er für viele Stunden regungslos auf dem Stein unter seinem Baum. Die Stille und die Ruhe taten seinem Geist gut, doch was war mit seinem Körper? Ein Körper war doch gar nicht dafür gemacht, sich so wenig zu bewegen. Und konnte es ein harmonisches, gesundes Gleichgewicht geben, wenn der Körper zu oft die starre Haltung eines Toten annahm, anstatt mit dem Leben zu tanzen?

In der Ferne ertönte ein Donnern.

„Es wird bald regnen", sagte der Bauer mit einem Kopfschütteln. „Der Boden kann es kaum erwarten, aber ich ... Ich hasse den Regen!"

Dabei lachte er wieder laut und herzhaft. Der kleine Buddha hatte schon oft mitbekommen, wie der Bauer über das Wetter meckerte, aber es war meistens ein verspieltes Jammern, kein ernstes Fluchen. Eigentlich hatte fast alles, was der Bauer tat, eine gewisse Leichtigkeit. Ob das auch mit der ständigen Bewegung zu tun hatte?

Ein weiteres Donnern, dieses Mal schon deutlich näher. Kurz darauf erreichten sie den Hof und der Bauer zügelte das Pferd direkt vor der Eingangstür.

„Lass uns schnell das Holz abladen."

Sie trugen die Äste nach drinnen und als sie fertig waren, nutzte der kleine Buddha die Gelegenheit, noch eine Frage zu stellen.

„Erlebst du auch Momente, in denen du nicht friedlich sein kannst?"

Der Bauer dachte eine Weile nach, während er schweigend den Karren vom Pferd trennte.

„Bestimmt gibt es solche Momente. Aber jetzt gerade fällt mir keiner ein."

Und dann entschied sich das Pferd, genau vor dem Eingang sein Geschäft zu verrichten. Selbstverständlich lachte der Bauer auch dieses Mal wieder.

„Weißt du", sagte er zum kleinen Buddha, „es hilft einfach nicht, die Dinge immer so ernst zu nehmen. Vielleicht ist das die wichtigste Zutat, um stets friedlich zu bleiben: eine ordentliche Prise Humor! Wenn ich das Pferd jetzt anschreien würde, wäre ihm das völlig egal. Ich wäre derjenige, der sich ärgern und womöglich auch noch schlechte Laune bekommen würde. Nein, da lache ich doch lieber."

Er gab dem Pferd einen Klaps und schubste es sachte von der Tür weg. Dann nahm er Kehrblech und Besen in die Hand und beseitigte den Misthaufen.

„Wenn du ein oder zwei Schritte zurücktrittst, findest du an jeder Situation eine lustige Seite. Lachen schafft Frieden!"

Der kleine Buddha nickte erst, dann wurde er still und überlegte.

„Und was ist mit Krieg?"

„Krieg? Da muss ich ein paar Schritte mehr zurücktreten. Wenn ich einen Krieg aus einhundert Jahren Entfernung betrachte, hat selbst er eine amüsante Seite."

„Ach ja?", wunderte sich der kleine Buddha.

„Ja: die Dummheit der Menschen! Wie kann man nur so dumm sein, Kriege zu führen? Warum? Wozu?" Er zuckte mit den Schultern. „Was bleibt mir da, außer zu lachen?"

Der kleine Buddha grinste ein wenig verlegen. Ja, er verstand seinen Freund – es war nicht zu begreifen. Aber ihm selbst fiel es schwer, zu lachen. Er hätte es gerne wie der Bauer gemacht: das Thema Krieg einfach abschütteln. Aber was der kleine Buddha fühlte, ließ sich nicht einfach abschütteln. Zu groß war seine Traurigkeit über so viel vermeidbares Leid. Jede einzelne Schlacht verursachte so viele unnötige Schmerzen.

Der Bauer spürte die ungewöhnliche Schwere, die von seinem Freund ausging. Er stellte Blech und Besen zur Seite und wandte sich ihm zu.

„Du hast recht, manchmal ist es nicht möglich, das Leben von der heiteren Seite zu sehen. Aber gerade deshalb sollten wir doch lachen und fröhlich sein, wann immer es geht. So wie jetzt!"

Er schenkte dem kleinen Buddha ein weiteres Lächeln, dann legte er ihm den Arm um die Schulter und führte ihn in Richtung Küche. „Komm, ich mache uns einen Tee und erzähle dir eine Geschichte. Sie heißt *Die Insel des Friedens*. Du magst doch Geschichten, oder?"

Er zwinkerte ihm zu. Es war natürlich kein Geheimnis, dass der kleine Buddha Geschichten sehr liebte.

Als sie drinnen an dem kleinen runden Holztisch neben dem Fenster saßen und den Duft des frischen Thymiantees genossen, fielen draußen die ersten Regentropfen zu Boden. Der Bauer begann zu erzählen.

Es war einmal eine weise Frau, die gelernt hatte, worauf es im Leben wirklich ankam. Die meiste Zeit verbrachte sie alleine in einer Hütte auf einem kleinen Berg. Es fehlte ihr an nichts, sie fühlte sich vollkommen im Einklang mit ihrer Umgebung. Manchmal kamen jedoch Ratsuchende vorbei und wollten von ihr lernen. Die weise Frau teilte ihr Wissen gerne, aber sie hatte einige schlechte Erfahrungen gemacht mit Menschen, die nicht wirklich bereit waren, die alten Wege zu verlassen. Folglich lernten sie auch nichts Neues. Um sicherzustellen, dass ihre Schüler nicht ewig an den bekannten Strukturen festhalten würden, ließ sie alle zunächst eine Aufnahmeprüfung absolvieren.

Eines Tages tauchten drei Männer bei ihr auf. Die weise Frau stieg vom Berg hinab und traf die Männer an einem kleinen Fluss. Dort stellte sie ihnen die folgende Aufgabe.

„Stromabwärts liegt die Insel des Friedens", sagte sie. „Wer sie findet, den heiße ich in meinem Reich willkommen."

Die drei Männer sprangen sofort in den Fluss und begannen, in Richtung Mündung zu schwimmen. Der Stärkste von ihnen war auch der Schnellste und schwamm den anderen davon. Er war sich sicher, er könne die weise Frau beeindrucken, wenn er als Erster an der Insel ankommen würde. Es dauerte nicht lange, da hatten ihn die anderen beiden aus den Augen verloren.

Nachdem sie bereits eine ordentliche Strecke zurückgelegt, aber immer noch keine Insel gesehen hatten, beschloss der zweite Mann, ans Ufer zu schwimmen. Er war der Klügste von den dreien und ihm war aufgefallen, dass die weise Frau nicht gesagt hatte, dass es verboten sei, aus dem Wasser zu steigen. Vom Land aus würde er die Insel sehen können! Und da er zu Fuß schneller unterwegs war, würde er den ersten Schwimmer vielleicht sogar noch einholen.

Der dritte Mann wusste nicht, was er machen sollte. Er war weder der Schnellste noch der Klügste, aber auch er wäre gerne als Erster angekommen. Während er grübelte, was er tun könnte, ließ er sich von der Strömung treiben. Und dann fragte er sich plötzlich, warum eigentlich alle immer als Erster ankommen wollten? Warum dieses Wettrennen, warum diese Eile? Mit einem Mal entspannte sich sein Geist und sein Herz schlug ruhig und gleichmäßig. Sein Körper wurde so leicht, dass er sich kaum noch anstrengen musste, um an der Wasseroberfläche zu gleiten. Er spürte eine Gelassenheit, wie er sie schon lange nicht mehr erlebt hatte, und ein zufriedenes Lächeln breitete sich auf seinem Gesicht aus. Dann vernahm er völlig überraschend die Stimme der weisen Frau.

„Herzlichen Glückwunsch!", rief sie vom Ufer aus. „Du hast sie gefunden."

Der Mann warf ihr einen fragenden Blick zu.

„Die Insel des Friedens“, sagte die weise Frau. „Sie liegt in dir!“

„Aber wie ...“ Der Mann hatte noch nicht verstanden.

„Wie du sie gefunden hast?“ Sie schaute ihn wohlwollend an, wissend, dass es nicht so einfach war, wie es sich anhörte: „Indem du losgelassen hast.“

Die unschuldige Mücke

Der kleine Buddha blieb, bis der Regen aufhörte. Dann verabschiedete er sich vom Bauern und kehrte zum Bodhi-Baum zurück. Dort angekommen, setzte er sich auf den flachen Stein und begann zu meditieren. Er musste sich eigentlich nie bewusst entscheiden, in Stille zu sitzen – es passierte einfach. Es brauchte keinerlei Anstrengung und kein Überwinden, sondern war genau wie in der Geschichte des Bauern: ein Loslassen.

Die vielen Tausend Blätter des Bodhi-Baumes raschelten im Wind. Der kleine Buddha atmete langsam und gleichmäßig, ein und aus. Dabei beobachtete er seine Gedanken, wie sie unentwegt umherwanderten. Es wirkte fast so, als wären sie Nomaden, unterwegs auf einer unendlichen Reise.

Als sich sein Geist etwas beruhigt hatte und die Gedanken nicht mehr ruhelos rannten, sondern gemütlich spazierten, wurde seine Gefühlswelt sichtbar. Zum Vorschein kamen Gleichmut und Geborgenheit, Harmonie und Heiterkeit. Und vor allem tiefe Dankbarkeit, dass er so viel Zeit an einem so besonderen Ort verbringen konnte. Der kleine Buddha liebte diese Momente unter dem Baum, wenn alles so sein durfte, wie es war. Kein Widerstand, kein Zurückhalten, kein Ausweichen – einfach dasitzen und das Leben bestaunen.

Der innere Frieden des Einzelnen, das wusste der kleine Buddha nicht erst seit der Geschichte des Bauern, war der Schlüssel für eine friedliche Welt. Doch es war natürlich leicht für ihn, über inneren Frieden zu philosophieren, während er gelassen unter einem Baum saß und sich um nichts Sorgen machen musste; wenn die Sonne strahlte und alles harmonisch und wundervoll war. Doch was, wenn diese Harmonie gestört wurde?

Der kleine Buddha hatte die Augen geschlossen und spürte dem Duft der noch feuchten Erde nach, als er zum ersten Mal an diesem Tage das Summen hörte. Anfangs war es ein gutes Stück weit entfernt und nur ganz leise zu vernehmen, doch schon bald wurde es lauter und leider auch lästiger. An seinem linken Ohr sauste etwas vorbei, machte kehrt und flog zurück, einmal um seinen ganzen Kopf herum. Ssssss ... ssssss ... ssssss ...

Schon oft war der kleine Buddha beim Meditieren von einer Mücke umkreist worden. Normalerweise waren die Besuche der kleinen Insekten aber nur von relativ kurzer Dauer. Wenn er ruhig weiteratmete und das Summen ignorierte, war er für gewöhnlich schon bald wieder alleine. Doch dieses Mal war es anders. Dieses Mal blieb die Mücke in der Nähe und flog immer wieder an ihm vorbei.

Der kleine Buddha versuchte, sich auf seinen Atem zu konzentrieren. Ein und aus, ein und aus. Zuerst schien es zu klappen: Er behielt die Ruhe und dachte dann irgendwann sogar, die Mücke sei endlich weg. Aber genau in diesem Moment kam das Summen zurück. Ssssss ...

Der kleine Buddha wünschte, er könnte mit der Mücke kommunizieren. Wäre er in einer ähnlichen Konfliktsituation mit einem Menschen gewesen, hätte er genau das getan: ausgesprochen, dass er sich belästigt fühlte, und darum gebeten, in Ruhe gelassen zu werden. Er probierte es, aber es war natürlich zwecklos.

„Es gibt doch so viele andere Orte, an denen du dich aufhalten kannst – warum muss es ausgerechnet hier sein?"

Die Mücke summte weiter.

„Bitte flieg woanders hin!"

Der kleine Buddha seufzte. Vielleicht war das Summen der Mücke ein Versuch, ihm etwas mitzuteilen, dachte er. Aber wenn es so war, dann verstand er die Mücke genauso wenig wie sie ihn. Er konnte nur raten. Vielleicht hatte sie Hunger? Er hätte nichts dagegen, wenn sie ihn ein oder zwei Mal stechen und dann weiterziehen würde. Es war ihr penetrantes Summen, das ihn störte. Doch wie konnte er ihr das klarmachen?

Er atmete noch etwas tiefer ein, aber er hatte den Rhythmus verloren. Er schaffte es zwar immer wieder, seine Aufmerksamkeit auf ein Nasenloch zu richten und sich auf die ein- und ausströmende Luft zu konzentrieren, aber es gelang ihm immer nur kurze Zeit. Jedes Mal, wenn das Summen zurückkehrte, war es um seine Ruhe geschehen. Was sollte der kleine Buddha nur tun?

Er konnte sich verteidigen, indem er wild um sich schlug und der Mücke so zu verstehen gab, dass sie nicht willkommen war. Aber der kleine Buddha wollte nicht wild um sich schlagen. Außerdem waren ihm eigentlich immer alle Wesen unter seinem Baum willkommen – Menschen, Hunde, Katzen, Vögel, Mäuse, Käfer, Ameisen. Warum die arme Mücke nicht? Bestimmt summte sie nicht absichtlich in sein Ohr, sie flog womöglich einfach nur neugierig umher und war letzten Endes völlig unschuldig. Und trotzdem: Sie nervte ungemein!

Je länger der unerwünschte Besuch dauerte, desto schwerer fiel es dem kleinen Buddha, die Belästigung zu tolerieren. Die Mücke respektierte ihn offensichtlich nicht, dabei war es doch sein Platz dort unter dem Baum. Oder etwa nicht? Der kleine Buddha wurde nachdenklich. Nein, streng genommen stimmte das nicht, denn auch er war nur vorübergehend zu Besuch auf der Erde. Ihm gehörte der Platz genauso wenig wie der Mücke. Aber er belästigte sie wenigstens nicht, er saß nur da und wollte in Ruhe meditieren. Nach und nach stieg Wut in ihm auf und böse Gedanken schlichen sich ein. Er hatte es schon oft bei anderen Leuten gesehen: Wenn ihnen eine Mücke zu nahe kam, hofften sie erst gar nicht auf ihren baldigen Rückzug, sondern töteten sie kurzerhand. Der kleine Buddha weigerte sich, so weit zu gehen, und doch konnte er nicht gänzlich vermeiden, dass diese brutale Fantasie seinen Geist durchquerte. Noch vor Kurzem hatte er seinen Frieden genossen, jetzt war er kurz davor, gegen die Mücke in den Krieg zu ziehen. Was war passiert? So viel Ärger nur wegen eines Geräusches?

„Bitte verschwinde!“, rief der kleine Buddha verzweifelt.

Er nahm wieder einige tiefe Atemzüge. Wo war diese Wut bloß hergekommen? Das Summen machte ihn verrückt, aber es rechtfertigte keine Mordgedanken. Es war beängstigend, dachte der kleine Buddha, wie schnell sich der Ärger hatte ausbreiten können. Und wie leicht er sich aus der Ruhe bringen ließ.

Die entscheidende Frage war nun: Wie konnte es ihm gelingen, seinen Frieden zurückzuerlangen?

Wenn eine Verhandlung nicht möglich war und ein Kampf für ihn nicht infrage kam, blieb vielleicht nur die Flucht. Er könnte den Platz unter dem Bodhi-Baum räumen und ihn der Mücke überlassen. Der kleine Buddha überlegte. Es war eine Möglichkeit, keine Frage. Aber war es richtig, so leicht aufzugeben? Außerdem könnte er an einem anderen Ort auf genau das gleiche Problem stoßen. Und dann? Sollte er ewig flüchten?

Wäre es ein großer Schwarm mit Hunderten Mücken, wäre die Flucht wohl unvermeidbar. Dann wäre es notwendig gewesen, loszulassen. Aber es war nur eine einzige.

Ssssss ... Da war sie wieder.

Der kleine Buddha fragte sich, ob es nicht noch einen anderen Weg gab, in dieser Situation Frieden zu finden. Was konnte er tun, damit seine innere Ruhe stärker war als der summende Sturm um ihn herum?

Eine Weile saß er da und wartete geduldig auf eine Antwort. Sollte er sich die Ohren mit einem Stück Stoff oder etwas Moos zustopfen? Dadurch würde er das störende Geräusch weniger hören, zwangsläufig aber auch nicht mehr die angenehmen Töne. Wirklichen Frieden könnte er so nicht erfahren. Er überlegte weiter. Wie konnte die innere Stille gegen den äußeren Lärm gewinnen?

Ein Windstoß fegte über das Land, die Blätter raschelten noch heftiger als zuvor. Stille gegen Lärm. Auch das war ein Kampf.

Der kleine Buddha schüttelte den Kopf und ließ seinen Blick am Horizont entlanggleiten. Konnte Frieden nur erlangt werden, wenn man sich ihn erkämpfte? Ging es nicht auch ohne kämpfen?

Die unschuldige Mücke brauste wieder an seinem Ohr vorbei. Er stieß einen langen Seufzer aus und versuchte, die Situation so zu akzeptieren, wie sie war. Es war nicht einfach, aber es war der Weg, den er gehen wollte.

Der kleine Buddha atmete, die Mücke summte, die Blätter raschelten. Erst schien alles gleich zu bleiben, doch dann merkte er, wie sich nach und nach etwas änderte. Es war nicht so, dass auf einmal alles ganz leicht war, überhaupt nicht. Auch war das nervende Geräusch nicht plötzlich angenehm, aber mit der wachsenden Akzeptanz erschloss sich ihm eine andere Perspektive. Was wäre, dachte der kleine Buddha, wenn er das Summen nicht mehr als lästiges Ärgernis betrachten würde, sondern als wertvolle Botschaft? Denn das Summen erinnerte ihn daran, wie wichtig es war, den inneren Frieden zu pflegen. Immer gut auf ihn aufzupassen, ihn zu ehren und zu hüten und ihn nie aus den Augen zu verlieren. Ihn zu suchen, wann immer es nötig war.

Ohne das nervende Geräusch der Mücke wäre es womöglich zu leicht, friedlich zu sein. Der innere Frieden würde erschlaffen wie ein nicht benutzter Arm oder ein nicht benutztes Herz. Spätestens bei der nächsten schwierigen Situation wäre es dann vorbei mit der Ruhe und Gelassenheit. Dank der Mücke war er also angehalten, sich noch mehr mit dem Frieden, der tief in ihm lag, zu verbinden. Als würde er sich darin üben, auch im Sturm die Ruhe zu bewahren.

Der kleine Buddha mochte diese Perspektive. Das Summen der Mücke störte ihn zwar weiterhin, aber die neue Perspektive sorgte für ein versöhnliches Gleichgewicht. Es dauerte nicht lange, da kehrte ein zufriedenes Lächeln in sein Gesicht zurück. Wie so oft im Leben hatte er letzten Endes eine Wahl: die herausfordernde Situation als Problem zu betrachten – oder als Geschenk.

Der lauschende Nussknacker

Mit den ersten Sonnenstrahlen wachte der kleine Buddha auf und rieb sich müde die Augen. Bis spät in die Nacht war die Mücke in seiner Nähe geblieben und hatte ihn vom Einschlafen abgehalten. Ein paar Mal hatte er sich noch aufgeregt, aber der Ärger war jeweils nur von kurzer Dauer gewesen. Der kleine Buddha hatte das Gefühl der aufsteigenden Wut bewusst wahrgenommen, es dann aber nicht festgehalten, sondern gleichmütig weiterziehen lassen. Der innere Frieden hatte also nicht sehr gelitten – sein Schlaf hingegen schon.

Durch die wenigen Stunden Nachtruhe brauchte er am Morgen etwas länger, um richtig wach zu werden. Der Übergang von Traum zu Realität verlief langsamer als sonst, eine Weile befand er sich wie in einem verschwommenen Nirgendwo. Es war kein sehr angenehmes Gefühl, daher war er froh, als er die Müdigkeit endlich abschütteln konnte. Dafür benötigte er kaltes Wasser für sein Gesicht – und ein gutes Vorhaben für den Tag!

Der kleine Buddha beschloss, einen ausgedehnten Spaziergang zu machen. Obwohl er die Gegend rund um sein Zuhause schon gut kannte, gab es immer noch reichlich Orte, denen er bisher kaum Aufmerksamkeit geschenkt hatte. Es gab sogar ein paar Ecken, an denen er noch gar nicht gewesen war. Manchmal verwunderte ihn das: Er war mehrmals dem aufregenden Ruf der Ferne gefolgt, obwohl es in seiner Heimat noch so viel zu entdecken gab. Gleichwohl freute er sich aber, dass er noch einige versteckte Schätze in seiner Nachbarschaft übrig gelassen hatte. Für ihn war alles Unbekannte nämlich erst einmal genau das: ein Schatz!

Der kleine Buddha nahm seine Trinkflasche und packte sie in seine alte Umhängetasche, dann folgte er dem schmalen Pfad, auf dem er schon so oft gegangen war. Mit der Sonne im Rücken spazierte er zuerst an einigen flachen Feldern vorbei, später im Zickzackkurs durch ein Waldstück.

Es fühlte sich herrlich an, wieder unterwegs zu sein, dachte er. Auch wenn es nur eine relativ kurze Strecke war, die er an diesem Vormittag zurücklegen würde, spürte er bereits eine große Genugtuung. Mit jedem Schritt bewegte er seinen Körper, mit jedem Atemzug blies ein frischer Wind durch seinen Geist; unendliche Möglichkeiten lagen vor ihm und trotz weniger Stunden Schlaf war jeder Moment gefüllt mit Lebendigkeit.

Am Ende des Waldstücks erreichte der kleine Buddha eine Anhöhe und blieb plötzlich stehen. Der Weg vor ihm führte um einen Hügel herum und dann geradeaus zum nächstgelegenen Dorf. Doch nicht der Verlauf des Wegs hatte ihn irritiert, sondern ein roter Beutel, der neben einem runden Stein auf dem Boden lag. Seine Augen begannen vor Aufregung zu leuchten. Da war er also schon: der erste Schatz!

Der kleine Buddha bückte sich, hob den Beutel auf und schaute hinein, neugierig, wie er war. Ein paar bräunliche Krümel klebten an dem weichen Stoff, sonst war er leer.

Sein Blick wanderte suchend umher und dabei drehte er sich langsam um die eigene Achse. Da sah er auf einmal einen winzigen Pfad, der am Waldrand entlangführte. Er war ihm noch nie aufgefallen. Der kleine Buddha senkte den Blick zu dem Beutel in seiner Hand und sah anschließend wieder zu dem unbekannten Pfad hin.

Er war gespannt, was ihn erwartete. Vielleicht würde ihn der Pfad einfach einmal um den Wald herumführen, ohne dass darauf irgendetwas Bemerkenswertes passierte. Aber es war genauso gut möglich, dass er etwas antreffen würde, womit er gar nicht gerechnet hatte. Allein die aufregende Ungewissheit im Hier und Jetzt reichte, um sein Herz höherschlagen zu lassen.

Wieder lächelte er. Es war ein dankbares Lächeln. Der kleine Buddha freute sich, dass das Leben so viele Geheimnisse bereithielt. Er fand, die Welt war ein riesiges Meer aus unbekannten Möglichkeiten, und er wünschte sich, dass das immer so bleiben würde. Dass nie alles entdeckt werden würde, damit das Leben für alle Menschen geheimnisvoll sein konnte.

Kurz darauf spazierte er am Waldrand entlang und summte vergnügt vor sich hin. Einige Wolken waren aufgezogen, sodass die Sonne immer mal wieder verdeckt wurde. Ein leichter Wind wehte und gelegentlich flogen ein paar Vögel an ihm vorbei.

Der kleine Buddha versuchte, den unbekannten Weg ohne Erwartungen zu beschreiten. Ab und zu erwischte er sich jedoch dabei, wie er rechts von sich die Wiesen und Felder begutachtete und auf der anderen Seite in den Wald hineinschielte. Er suchte nach etwas Auffälligem, denn er wurde das Gefühl nicht los, dass der rote Beutel irgendwie mit dieser Gegend verbunden war, dass er ihm irgendetwas sagen wollte. Vorerst fiel ihm aber nichts Ungewöhnliches auf und so zog er unbekümmert weiter.

Nach einer guten Stunde beschloss er, eine Pause zu machen. Er blieb vor einem prächtigen Baum stehen, der ihn ein bisschen an seinen Bodhi-Baum erinnerte. Der Stamm war weniger dick, aber die große, runde Krone war dessen durchaus ähnlich. Er setzte sich am Wegesrand auf einen mit Moos bewachsenen Baumstumpf und trank etwas Wasser aus seiner Flasche. Vielleicht wäre es besser, bald umzukehren, dachte er. Vielleicht hatte er sich doch geirrt und es gab hier nichts Besonderes zu sehen, jedenfalls nicht an diesem Tag.

Einen Moment lang war es ganz still, dann hörte der kleine Buddha plötzlich Schritte. Er blickte auf und sah einen dürren Mann den Weg entlangkommen. Er war schon recht alt, trug einen langen, grauen Bart und hatte einen leeren Sack über seine Schulter geschwungen. Der kleine Buddha stand sogleich auf und begrüßte ihn.

„Hallo!“

„Hallo", erwiderte der Mann und fügte hinzu: „Wartest du auf mich?"

„Wieso sollte ich auf dich warten?"

„Weil du vor meinem Zuhause sitzt."

Der kleine Buddha drehte sich verwundert um und traute seinen Augen kaum. Genau vor sich erkannte er eine Hütte – leicht versteckt zwischen den Bäumen. Die hatte er zuvor glatt übersehen!

„Was für ein Zufall", schmunzelte er. Dann nahm er den roten Beutel aus seiner Umhängetasche und zeigte ihn dem Mann. „Sieh, was ich gefunden habe."

„Den habe ich wohl verloren. Waren noch Nüsse drin?"

Aha! Da kamen also die Krümel her, dachte der kleine Buddha.

„Nein, leider nicht."

„Dann komm mal mit", sagte der Mann mit einem Lächeln und verließ den Pfad in Richtung Waldhütte.

Der kleine Buddha folgte ihm und lächelte ebenfalls. Der Beutel hatte ihn also tatsächlich in ein Abenteuer geführt!

Mit einem Mal standen überall um sie herum die schönen Bäume mit der großen, runden Krone. Es mussten Hunderte sein, und an allen hingen Walnüsse! Als er an der Waldhütte ankam, sah der kleine Buddha als Erstes zwei riesige Nusshaufen, einer fast so hoch wie er selbst.

Der Mann legte den leeren Sack ab, verschwand in der Hütte und kam kurz darauf mit einer Schüssel voller Nusskerne zurück.

„Bedien dich", sagte er.

Der kleine Buddha nahm das Angebot dankend an und steckte sich eine große Walnuss in den Mund. Sie war köstlich! Sofort nahm er sich noch eine, sie schmeckte fast noch besser. Er konnte nicht glauben, dass er all die Jahre nichts von diesem Ort gewusst hatte. Ein kleines Paradies, keine zwei Stunden von seinem Zuhause entfernt.

Während er eine Nuss nach der anderen aß, setzte sich der Mann auf einen Hocker neben einen der beiden Nussberge. Vor sich hatte er einen Holzklotz stehen, auf dem er nun mit einem Hammer die einzelnen Nüsse knackte.

Der kleine Buddha hatte natürlich wie immer eine Menge Fragen. Er wollte erfahren, wer der Mann war und was es über Nüsse zu wissen gab. Also begann der Nussknacker zu erzählen.

„Ich bin vor vielen Jahrzehnten aus dem Norden hierhergezogen, von dort, wo jetzt der Krieg ausgebrochen ist. Meistens bin ich alleine und das ist auch gut so, denn ich liebe die Einsamkeit. Außerdem habe ich auch immer viel zu tun. Manche Leute sagen, ich solle nicht so viel arbeiten, aber ich empfinde das, was ich tue, gar nicht als Arbeit. Nur selten habe ich daran gedacht, wieder von hier wegzugehen, und nie habe ich es bereut, dass ich geblieben bin. Ich mag diesen Ort und diese Tätigkeit gerne."

Mit einem gezielten Schlag öffnete er die nächste Schale, sodass beide Nusshälften unbeschadet freigelegt wurden.

„Fast all diese Bäume habe ich selber gepflanzt", fuhr er fort. „Weißt du, Walnussbäume sind ganz besondere Bäume, sie beschützen dein Heim und schenken dir Gesundheit und ein langes Leben."

Sie schauten sich einen Moment schweigend in die Augen. Dann steckte sich der kleine Buddha eine weitere Nuss in den Mund.

„Und was machst du mit so vielen Nüssen? Verkaufst du sie?"

Der alte Mann nickte.

„Zwei Mal in der Woche gehe ich mit einem vollen Sack ins nächste Dorf und verbringe dort den halben Tag auf dem Markt."

„Und die restlichen Tage?"

„Sitze ich hier und entferne die Schalen. Es ist eine überaus erfüllende Tätigkeit. Willst du mitmachen?"

Natürlich wollte der kleine Buddha. Er setzte sich ebenfalls auf einen Hocker und der Mann gab ihm einen Hammer und zwei große Holzschüsseln – eine für die Früchte, die andere für die Schalen.

Der kleine Buddha griff in den riesigen Haufen und legte einige Nüsse vor sich auf den Baumstumpf. Dann hielt er eine Nuss mit der Hand fest und holte mit dem Hammer aus.

„Pass auf deine Finger auf", warnte der Nussknacker.

Daraufhin ließ der kleine Buddha den Hammer wieder etwas sinken, dann schlug er zu. Nichts. Die Schale hatte den Schlag abgewehrt. Er schlug erneut zu, doch wieder nichts. Die Schale war deutlich hartnäckiger, als er gedacht hatte. Dann ein dritter Versuch. Dieses Mal krachte es, allerdings hatte der Hammer so viel Wucht, dass der Nusskern zermalmt wurde.

„Es dauert etwas, die richtige Schlagkraft zu finden", sagte der alte Mann ermutigend. „Nicht zu sanft und nicht zu stark.

Wenn du dann noch die richtige Stelle triffst, ist es, als würdest du einen Schlüssel in ein Schloss stecken und umdrehen."

„Die richtige Stärke finden", murmelte der kleine Buddha. Er nahm die nächste Nuss und probierte es erneut. Dieses Mal wurde der Kern in mehrere kleine Stücke zerteilt, anstatt in zwei schöne Hälften. Aber immerhin wurde er nicht zerdrückt.

„Schon besser!"

Der kleine Buddha machte weiter und öffnete eine Schale nach der anderen. Es klappte noch nicht so gut wie beim Nussknacker, aber nach einer Weile hatte er seinen Rhythmus gefunden. Ab und zu naschte er von der Ernte, ansonsten konzentrierte er sich auf seine Aufgabe. Dann durchquerte auf einmal wieder der Krieg seine Gedanken. Was hatte der Mann gesagt?

„Du bist dort geboren, wo jetzt Krieg herrscht?"

„Ja."

„Und wie geht es dir damit?"

Der alte Mann holte tief Luft und überlegte.

„Manchmal bin ich wütend, weil so viel unnötiges Leid verursacht wird. Es ist immer dasselbe: Zwei Könige streiten sich und lassen die anderen den Kampf austragen."

Beide schlugen gleichzeitig zu. Klack! Die Schalen sprangen entzwei.

„Oft bin ich aber auch einfach nur traurig. Mir selbst geht es gut, aber so viele Menschen können nicht in Frieden leben. Sie müssen kämpfen oder flüchten oder sich verstecken, und oft können sie noch nicht einmal in Ruhe ihre Liebsten begraben." Der alte Mann schaute zum kleinen Buddha. „Wie traurig ist das Leben ohne Frieden."

Schweigen. Nur das stete Schlagen und Zerspringen der Schalen war zu hören. Und ein singender Vogel irgendwo im Wald.

Der kleine Buddha fühlte sich oft ohnmächtig, wenn er über den großen Krieg nachdachte. So sehr er es sich auch wünschte, er konnte nichts an der Gewalt auf dem Schlachtfeld ändern. Also begann er schon bald wieder, sich mit den inneren Kriegen auseinanderzusetzen. Die konnte jeder Einzelne nämlich sehr wohl beenden.

Er sah zum Nussknacker hinüber. Zwar hatte dieser einen Hammer in der Hand und wurde nach eigener Aussage auch manchmal zornig, aber er wirkte nicht wie jemand, der Kriege führte. Im Gegenteil: Er hatte eine unglaublich ruhige und gelassene Ausstrahlung.

„Woher nimmst du deinen Frieden?", wollte der kleine Buddha wissen.

Der Nussknacker zögerte. Dann legte er nachdenklich den Hammer beiseite und ging in die Hütte. Wenig später kam er mit einer Teekanne und zwei hölzernen Bechern zurück, schenkte beiden ein und nahm wieder auf seinem Hocker Platz. Der heiße Tee dampfte direkt unter seiner Nase.

„Früher habe ich oft geurteilt", begann er langsam und bedacht. „Manchmal bin ich sogar mit mir selbst ins Gericht gegangen, weil ich andere verurteilt habe. Ich glaube, zumindest ein Teil des Friedens, den ich gefunden habe, kommt davon, dass ich inzwischen versuche, so wenig wie möglich über andere und mich selbst zu urteilen. Es gelingt mir nicht immer, aber ich gebe mir Mühe. Wenn jemand eine Meinung äußert, die ich nicht teile, dann nehme ich diese Meinung einfach zur Kenntnis, ohne die Person direkt in eine Schublade zu packen. Wir alle haben viele verschiedene Ansichten und Eigenschaften. Warum sollte ich eine Person dafür verurteilen, dass sie anders denkt oder anders aussieht? Statt etwas als fehlerhaft oder falsch zu bewerten, interessiert es mich viel mehr, Gemeinsamkeiten zu entdecken. Urteile führen zu Kämpfen, Gemeinsamkeiten hingegen schaffen Frieden."

„Und was ist, wenn du keine Gemeinsamkeiten findest?", wandte der kleine Buddha ein.

Der alte Mann zuckte mit den Schultern.

„Dann ist das eben so."

„Du hast aber doch gesagt, dass du manchmal auch wütend wirst."

„Ja, aber auch dafür verurteile ich mich nicht mehr. Ich lasse es zu, das Wütendsein, und dann lasse ich es wieder los." Er hielt einen Moment inne. „Wenn ich mich verdammen würde, weil ich mich aufrege, würde ich in mir einen Konflikt schaffen. Wem sollte das helfen?"

Es hörte sich so leicht an, dachte der kleine Buddha. Ein Gefühl zuzulassen und es dann einfach wieder loszulassen. Doch die Umsetzung dessen im täglichen Leben schien alles andere als leicht. Manchmal gelang ihm das, manchmal aber auch nicht. Vielleicht brauchte es auch nur etwas mehr Übung, vielleicht musste er sich einfach regelmäßig daran erinnern: zulassen und loslassen, immer wieder!

Schweigend saßen sie nebeneinander und knackten eine Nuss nach der anderen. Schon bald merkte der kleine Buddha, wie sich alles entschleunigte. Sein Atem wurde ruhiger, seine Gedanken sprangen weniger hin und her und sein Herz schlug sanfter. Und dann wurde ihm auf einmal bewusst, dass das Nüsseknacken auch eine Form der Meditation war. Es war eine Einladung, sich treiben zu lassen und für eine Weile das Ziel aus den Augen zu verlieren. Denn ohne ein Ziel, das erreicht werden musste, kehrte unweigerlich Ruhe ein.

„Manche Leute denken, so eine monotone Tätigkeit sei schrecklich langweilig“, sagte der alte Mann, als hätte er die Gedanken seines Besuchers gelesen. „Aber für mich ist es nie langweilig, hier zu sitzen und stundenlang dasselbe zu tun. Für mich ist es eine Gelegenheit, still zu werden und dem Leben zu lauschen.“

Beide lächelten. Sie wussten, dass sie eine ganz besondere Quelle des Friedens gefunden hatten. Eine Quelle, die für alle Menschen zugänglich war und ihnen helfen konnte, etwas Abstand von ihrem anstrengenden Gedanken- und Gefühlskarussell zu gewinnen. Und was war der Zugang zu dieser Quelle des Friedens? Statt zu beurteilen und zu bewerten einfach nur beobachten. Immer wieder aufs Neue.

Die zauberhafte Zahnärztin

Sie knackten Nüsse bis zum frühen Abend. Da der kleine Buddha die Nacht zuvor wegen der Mücke nicht so viel geschlafen hatte, war er schließlich unheimlich müde und nahm das Angebot des alten Mannes, bei ihm zu übernachten, dankend an. Auf diese Weise fühlte sich sein Ausflug sogar noch viel mehr wie eine richtige Reise an, dachte er. Neue Leute kennenlernen und mit ihnen inspirierende Gespräche führen, sich auf unbekannte Wege einlassen, an fremden Orten schlafen und Dinge tun, die er noch nie zuvor getan hatte – all das war überall möglich, nicht nur in der Ferne.

Im Traum ging das Nüsseknacken weiter. Der kleine Buddha öffnete Tausende Schalen die ganze Nacht hindurch und dabei liefen die Jahreszeiten im Schnelldurchgang an ihm vorbei. Zuerst fielen bunte Blätter zu Boden, dann Schneeflocken, dann sprossen Knospen aus jedem Zweig heraus und schließlich brannte die heiße Sonne über ihm.

Als er am Morgen aufwachte, knurrte sein Magen. Einige schüchterne Lichtstrahlen fielen durch das kleine Fenster, draußen erwachte langsam der Wald. Sein Blick ging zu seinem Gastgeber, der auf der anderen Seite der Hütte in seinem Bett lag und noch tief und fest schlief. Bestimmt hätte er nichts dagegen, dachte der kleine Buddha, wenn er sich an der Schüssel mit den Nüssen bedienen würde. Und so schlich er vor die Tür und steckte sich schon bald eine Frucht nach der anderen in den Mund.

Die Nüsse waren so köstlich und er hatte so großen Hunger, dass er drauf und dran war, die ganze Schüssel leer zu essen. Aber an diesem Morgen hatte das Leben etwas anderes mit ihm vor, und zwar eine Überraschung, die erst einmal überhaupt nicht schön war.

Er hatte sich gerade die elfte Nuss zwischen die Zähne geschoben und fest zugebissen, da überkam ihn ein stechender Schmerz. Der kleine Buddha schrie auf! Der alte Mann wäre vor Schreck fast aus dem Bett gefallen und eilte, so schnell er konnte, nach draußen.

„Was ist passiert?", rief er.

Der kleine Buddha schrie lauter als je zuvor.

„Ahhhhhh!"

Er schnappte nach Luft, nur um dann direkt weiterzuschreien. Dabei hielt er sich mit beiden Händen die rechte Wange und kniff mit aller Kraft die Augen zu. Er spürte Blut über seine Lippen laufen und kurz darauf auf seine Hände tropfen. Dann ertastete er mit seiner Zunge ein hartes Stück in seinem Mund und zuckte zusammen. Durch den Schreck ließ der Schmerz ein wenig nach. Er spuckte alles aus.

„Ich habe einen Verdacht ...", sagte der Nussknacker, während er sich bückte und mit einem Ast die blutige Masse, die der kleine Buddha ausgespuckt hatte, inspizierte. „... ja, so ist es!"

Der kleine Buddha öffnete blinzelnd die Augen und sah, wie der alte Mann auf etwas zeigte.

„Manchmal verirrt sich leider ein Stück Schale in die Nusskerne."

Der kleine Buddha atmete kurz auf. Es schien also wenigstens kein Zahn zu sein.

„Und manchmal haben diese Stücke unglaublich spitze Zacken“, fuhr der Mann fort. „Sie können böse Verletzungen anrichten.“

Mit einem Mal wurde dem kleinen Buddha übel. Er wollte gar nicht daran denken, was genau in seinem Mund vorgefallen war.

„Ich denke, ich bringe dich besser zu der Zahnärztin im Dorf.“

Der kleine Buddha nickte energisch. Jede Hilfe war ihm jetzt mehr als willkommen! Der Nussknacker holte eine Schüssel mit Wasser und ein Tuch und gab beides seinem verletzten Besucher, damit sich dieser das Gesicht waschen konnte. Dann machten sie sich gemeinsam auf den Weg.

Bei jedem Schritt spürte der kleine Buddha ein heftiges Stechen, schon lange hatte ihm etwas nicht mehr so wehgetan. Doch neben dem Schmerz fühlte er noch etwas anderes: einen Hauch von Erleichterung, dass er in dieser Situation nicht alleine war, sondern dass ihm jemand zur Seite stand und ihm half. Dazu hatte er auch noch das Glück, dass eine Zahnärztin in der Nähe war! Und so kullerten kurz darauf zwei Tränen seine Wangen hinunter: die eine geformt aus Leid, die andere aus Dankbarkeit.

Eine Stunde später saß er in einem dunklen Sessel, umgeben von weißen Wänden. Die Blutung hatte inzwischen aufgehört, aber die Wunde schmerzte immer noch. Der alte Mann hatte ihn bis zum Haus der Zahnärztin gebracht, das am Rande des Dorfes lag. Dann hatte er sich verabschiedet, da er für den nächsten Markttag noch viel vorbereiten musste. Der kleine Buddha wartete nun also im Sprechzimmer auf die Zahnärztin, die in einem Nebenraum verschwunden war, um sich ihren Kittel überzuziehen. Eigentlich hatte sie an diesem Morgen keine Sprechstunde, aber da es ein Notfall war, half sie gerne.

Neben dem kleinen Buddha stand ein runder Tisch mit verschiedenen Utensilien: ein Stapel Tücher, einige Schraubgläser mit Kräutern, zwei Becher und zwei Wasserkrüge, sowie mehrere Eisenzangen in unterschiedlichen Größen. Er hoffte zutiefst, dass die Zahnärztin keines der furchterregenden Werkzeuge bei ihm würde benutzen müssen. Bisher war er von Zahnschmerzen verschont geblieben und hatte daher noch keine Erfahrung mit solchen Instrumenten machen müssen. Es schien ihm absurd, mit Schmerzen zum Arzt zu gehen, nur um dort womöglich weitere Schmerzen zugefügt zu bekommen. Kein Wunder, dachte der kleine Buddha, dass so viele Menschen Angst hatten, sich in Behandlung zu begeben. Andererseits war es schwer, mit andauernden Schmerzen ein glückliches und zufriedenes Leben zu führen. War der Schmerz nicht sogar der Feind des Friedens?

Während er über all das nachdachte, hatte sich die Zahnärztin umgezogen und war in den Raum zurückgekehrt. Sie war noch ziemlich jung und trug ihre langen schwarzen Haare zu einem Zopf gebunden.

„Du hast also auf eine Nussschale gebissen, ja?“

Der kleine Buddha nickte.

„Dann werde ich jetzt als Erstes mal nachsehen, wie schlimm es ist."

Sie gab ihm einen Becher mit Wasser und bat ihn, seinen Mund auszuspülen. Als er fertig war, betätigte sie einen Hebel, wodurch die Lehne des Sessels in eine waagerechte Position gebracht wurde. Direkt über sich an der Decke sah der kleine Buddha ein rundes Fenster, durch das der ganze Raum mit hellem Tageslicht gefüllt wurde.

„Öffne bitte den Mund, ich werde ganz vorsichtig sein."

Er war etwas nervös, folgte aber ihren Anweisungen. Mit einem flachen Holzstab drückte die Zahnärztin sachte seine Zunge zur Seite und inspizierte die Mundhöhle.

„Du hast dir das Zahnfleisch aufgebissen", sagte sie schließlich, trat einen Schritt zurück und begann, mit einigen Kräutern eine Paste zu mischen.

Der kleine Buddha starrte sie besorgt an.

„Und was bedeutet das?", nuschelte er.

„Dass du wahrscheinlich zu gierig gegessen hast", schmunzelte die Zahnärztin. „Durch das eilige Kauen hast du dir die spitze Schale mit voller Wucht ins Zahnfleisch gerammt. Aber du hast Glück gehabt, deine Zähne sind unbeschadet davongekommen."

Der kleine Buddha versuchte zu lächeln, aber die klaffende Wunde hielt ihn davon ab. Ja, er hatte Glück gehabt – und die Zahnärztin recht: Anstatt in aller Ruhe jede einzelne Nuss zu genießen, hatte er gleich eine ganze Handvoll in Windeseile zerkaut und verschlungen. Das passierte bestimmt auch anderen Leuten, dachte er. Vor allem in der großen Stadt, wo sich kaum jemand Zeit nahm, die Dinge langsam anzugehen. Dabei war es durchaus möglich, das Tempo zu ändern – egal, wo man sich befand. Denn wenn der kleine Buddha vor einer gemütlichen Hütte im Wald in Eile verfallen konnte, musste es für einen Stadtmenschen genauso möglich sein, selbst im größten Trubel die Langsamkeit zu entdecken.

„Ich werde dir gleich diese Kräuterpaste auf die Wunde streichen", begann die Zahnärztin zu erklären. „Die Mischung aus Salbei, Kamille und Rosenblüten wird eine Entzündung verhindern und den Heilungsprozess unterstützen. Das wird noch mal ein bisschen wehtun, aber nur kurz."

Beim Gedanken an weitere Schmerzen begann das Herz des kleinen Buddha schneller zu schlagen. Er machte längere und tiefere Atemzüge, um sich auf das, was kam, vorzubereiten. Doch die Zahnärztin schenkte ihm ein beruhigendes Lächeln. „Wenn du magst, erzähle ich dir während der Behandlung eine Geschichte. Sie wird dich ablenken und dann wirst du fast nichts merken."

Am liebsten hätte er sie vor Dankbarkeit auf der Stelle umarmt! Der kleine Buddha nickte, schloss die Augen und hörte der Zahnärztin aufmerksam zu, während sie sich zugleich behutsam an die Arbeit machte.

Vor vielen Jahren lebte ein König, der die halbe Welt regierte. Er besaß mehr Reichtümer als alle anderen Könige zusammen und wohnte in einem riesigen Palast aus Gold. Aber obwohl der König reich war und tausend Gründe hatte, glücklich zu sein, ging es ihm oft schlecht. Er hatte Angst, dass er sein Gold und damit auch seine Macht verlieren könnte. Und es war diese Angst, die ihm jeglichen Frieden raubte. Wegen dieser Angst konnte er oft nicht schlafen, wegen dieser Angst wähnte er überall Feinde und wegen dieser Angst begann er Kriege. Wie konnte er also Frieden finden?

Er ließ alle weisen Männer seines Reiches in den Palast kommen und fragte sie nach einer Antwort, doch kein Einziger war imstande, ihm zu helfen. Der König war völlig verzweifelt! Dann erschien eines Tages eine Frau aus einem fernen, unbekannten Land. Sie war eine Heilerin und hatte von seiner Sehnsucht nach Frieden gehört.

„Vielleicht kann ich dir helfen“, sagte sie.

Der König zögerte erst, schließlich wusste er nicht, ob er ihr vertrauen konnte. Aber seine Verzweiflung war so groß, dass er ihr schon bald ein nobles Angebot machte.

„Wenn du es schaffst, mir zu helfen, bekommst du so viel Gold, wie du willst.“

„Ich brauche kein Gold", antwortete die Heilerin. „Aber genau wie du sehne auch ich mich nach Frieden – und für eine friedliche Welt braucht es friedliche Könige. Deswegen ist der Preis für meine Hilfe, dass du meinen Rat immer beherzigen musst."

Der König zögerte erneut, aber da er so erschöpft war von der permanenten Angst, stimmte er zu. Die Heilerin überreichte ihm daraufhin ein kleines Säckchen aus Samt. Darin befand sich ein Silberring.

„Der Ring trägt eine Inschrift", sagte sie. „Egal, ob du traurig oder angsterfüllt bist, Müdigkeit, Schmerz oder Wut fühlst – die eingravierten Worte werden dafür sorgen, dass du in jeder Situation Frieden finden wirst."

Der König nahm den Ring, drehte ihn ins Licht und las:

AUCH DAS WIRD VERGEHEN.

Einen Moment herrschte Stille, dann nahm die Zahnärztin ihre Finger aus seinem Mund.

„Fertig!"

Der kleine Buddha sah sie überrascht an.

„Wirklich?"

Sie nickte. Er hatte tatsächlich kaum etwas gespürt.

„Die Kräuterpaste muss bis heute Abend drinbleiben, morgen wird die Wunde dann schon ein wenig verheilt sein."

„Danke!"

Der kleine Buddha war immer noch erstaunt, wie unkompliziert der Eingriff gewesen war. Was für ein Glück, dass es diese zauberhafte Zahnärztin gab, dachte er. Sie war wie ein Engel, der ihm in der Not geholfen hatte.

„Und auch danke für die wundervolle Geschichte!", fügte er hinzu.

Sie schenkte ihm ein herzliches Lächeln.

„Alles vergeht irgendwann. Es ist eine einfache und doch unheimlich kraftvolle und friedensstiftende Wahrheit."

„Das stimmt", sagte der kleine Buddha nachdenklich. „Wir müssen nur lernen, sie auch in glücklichen Zeiten zu akzeptieren."

Der starke Schmied

Kurz darauf verließen sie gemeinsam das Haus. Die Zahnärztin musste eine Zange abholen, die sie beim Schmied in Reparatur gegeben hatte, und der kleine Buddha wollte sie noch bis dorthin begleiten. Er hatte es nicht eilig und war außerdem schon lange nicht mehr im Dorf gewesen. Mit dicker Backe, aber nachlassenden Schmerzen spazierte er neben ihr her und ließ seinen Blick wandern.

Die meisten Straßen und Gebäude kannte er bereits, aber dennoch sah alles irgendwie anders aus. Oft waren es nur Kleinigkeiten, die sich verändert hatten, zum Beispiel eine Wandfarbe oder ein Fenster, und doch reichten diese Kleinigkeiten, um dem kleinen Buddha eine neue Erfahrung zu schenken. Er selbst hatte sich seit seinem letzten Besuch ja ebenfalls verändert. Dieselbe Person ging durch dasselbe Dorf – und trotzdem waren es völlig neue, einzigartige Momente.

Als sie am alten Brunnen mitten auf dem zentralen Marktplatz vorbeikamen, hielten sie an und der kleine Buddha füllte seine Wasserflasche auf. Dann hörten sie plötzlich von hinten ein lautes Türenknallen. Sie drehten sich um und sahen einen Mann aus dem gegenübergelegenen Gasthaus torkeln. Der kleine Buddha schaute überrascht zur Zahnärztin. Der Vormittag war noch nicht richtig zu Ende, wie konnte jemand schon so früh betrunken sein? Vielleicht hatte der Mann einen Grund zum Feiern, dachte der kleine Buddha. Oder vielleicht war er traurig und wusste es nur noch nicht.

Sie spazierten weiter und erreichten wenig später die Arbeitsstätte des Schmieds: ein offener Schuppen in einer dunklen Seitengasse. Der kleine Buddha erkannte den großen und kräftig gebauten Mann sofort, er hatte ihn schon einige Male im Dorf gesehen. Und doch wusste er rein gar nichts über ihn. War es ein bekannter Fremder oder ein unbekannter Freund?

Die Zahnärztin betrat die Werkstatt, begrüßte den Schmied auf ihre herzliche Art und nahm die reparierte Zange entgegen. Nachdem die beiden noch ein paar Worte gewechselt hatten, kam sie wieder heraus, gab ihrem Patienten noch einen Tipp für die Wundpflege und wünschte ihm gute Besserung. Dann verabschiedete sie sich.

Der kleine Buddha stand alleine in der Seitengasse und schaute aus einigen Metern Entfernung in die Werkstatt. Der Schmied hatte seine Arbeit wieder aufgenommen und bemerkte nicht, dass er neugierig beobachtet wurde.

Im hinteren Bereich des Raumes befand sich eine offene Feuerstelle, mehrere Eisenstangen lagen in den heißen Kohlen. In der Mitte des Schuppens thronte ein riesiger Klotz, ebenfalls aus hartem Eisen. Der Schmied nahm eine der Stangen aus dem Feuer, legte sie auf die flache Oberfläche des Klotzes und begann, mit einem großen Hammer auf das glühende Ende der Stange zu schlagen. Es war ein kraftvolles und rhythmisches Schlagen, das dem Schmied höchste Konzentration abverlangte. Immer wieder traf er mit voller Wucht genau auf die Stelle, die er anvisiert hatte. Wenn die Stange abkühlte, legte er sie zurück ins Feuer, griff nach der nächsten und hämmerte weiter. Zwischendurch faltete er das heiße Ende mit einer großen Zange, sodass ein ungefähr handgroßer Knubbel entstand. Wieder schlagen, erhitzen, schlagen, falten, schlagen und immer so weiter.

Während er dem Schmied fasziniert zuschaute, verfiel der kleine Buddha in eine leichte Trance. Das ständige Hämmern war unheimlich laut, aber es hatte dennoch eine beruhigende Wirkung auf ihn. Es war fast so, als würde der Takt seine Gedanken massieren – nicht mit sanften Händen, sondern mit tiefen und gleichmäßigen Schlägen. Dazu im Hintergrund das langsam lodernde Feuer, das den dunklen Raum erhellte, und Tausende Funken, die durch die Luft tanzten. Er fühlte sich ein bisschen wie beim Meditieren: Nach außen hin waren seine Sinne aktiviert und gleichzeitig breitete sich in seinem Inneren eine wunderbare Stille aus.

Der kleine Buddha hatte jegliches Zeitgefühl verloren und hätte wahrscheinlich noch stundenlang dort stehen können, wenn nicht auf einmal zehn uniformierte Männer in die Gasse marschiert wären und ihn mit lauten Stimmen aus der Trance gerissen hätten. Einer von ihnen begrüßte den Schmied und überreichte ihm ein klimperndes Säckchen, worauf dieser aus einer Ecke seiner Werkstatt ein großes Bündel holte. Als der Mann es öffnete, wurde dem kleinen Buddha klar, was es mit den Eisenstangen auf sich hatte, die er so lange bestaunt hatte: Es waren Schwerter. Jeder der Männer durfte sich eines nehmen, dann verschwand die Gruppe genauso schnell, wie sie gekommen war. Erst jetzt bemerkte der Schmied den kleinen Buddha. Er grüßte ihn mit einem stummen Nicken, dann wandte er sich wieder seiner Arbeit zu.

Der kleine Buddha musste einmal tief durchatmen. Er war stillschweigend davon ausgegangen, dass der Schmied Zangen für Zahnärzte anfertigte oder irgendwelche Gerätschaften. Keine Sekunde hatte er dabei an Schwerter gedacht. Er hatte die Handwerkskunst des Mannes bewundert, doch jetzt war er sich nicht mehr sicher, ob Bewunderung noch angemessen war. Und dann gesellte sich ein anderer Gedanke hinzu, der ein unbehagliches Gefühl in ihm auslöste. Ihm wurde klar, dass die Männer Soldaten waren, die sich mit einem Schwert ausgestattet hatten, um in die Schlacht zu ziehen. Durch diese Begegnung mit den Soldaten fühlte sich der ferne Krieg plötzlich viel näher an. Die Gewalt war auf einmal eine unbequeme Realität, die ihm gefährlich werden konnte, und nicht nur eine Geschichte, die er gehörte hatte.

Vorsichtig spähte der kleine Buddha in die Ecke, aus der der Schmied das Bündel geholt hatte. Seine Vermutung bestätigte sich: Er erkannte noch weitere solche Bündel, die an der Wand lehnten. Ein tiefer Seufzer entwich ihm. Sicher, die Schwerter waren kunstvoll hergestellt, aber letzten Endes waren es Waffen. Der kleine Buddha war also umgeben von Kriegsgerät, das schon bald viel unnötiges Leid anrichten würde. Für einen Moment versank er tief in seiner Gedankenwelt. War der Schmied somit nicht indirekt am Tod vieler Menschen beteiligt? Vielleicht fielen seinen Schwertern sogar unschuldige Menschen zum Opfer, Menschen, die zwischen die Fronten geraten waren und sich nicht verteidigen konnten. Postboten, Ärzte, Bauern, Kinder.

Der kleine Buddha hatte keine andere Wahl: Er musste mit dem Schmied reden. Er wollte etwas über dessen Perspektive erfahren und versuchen, sie zu verstehen. Die kräftige Statur des Schmieds war einschüchternd, aber als er den Hammer zur Seite legte, um sich den Schweiß von der Stirn zu wischen und etwas zu trinken, fasste der kleine Buddha Mut und ging zu ihm hinüber.

„Warum verkaufst du Waffen?", fragte er mit interessierter, aber auch leicht empörter Stimme.

Der Schmied warf ihm einen ruhigen Blick zu und betrachtete die dicke Backe des jungen Besuchers.

„Aus demselben Grund, warum ich der Zahnärztin Zangen verkaufe: um Geld zu verdienen!"

„Aber die Zahnärztin verringert mit ihren Zangen bestehende Schmerzen – mit den Schwertern hingegen werden Menschen neue Schmerzen zugefügt."

Einen Augenblick lang herrschte Schweigen in der Schmiede, nur das Knistern des Feuers war zu hören.

„Du könntest doch statt Schwertern mehr Zangen und Werkzeuge verkaufen", schlug der kleine Buddha vor.

„Schwerter verschaffen mir aber deutlich mehr Einnahmen", konterte der Schmied. „Und außerdem: Wenn ich den Soldaten keine Waffen verkaufen würde, täte es sicher ein anderer."

Der kleine Buddha schaute ihn mit traurigen Augen an. Er wünschte sich so sehr, dass es keine Kriege mehr geben würde. Auch wenn es ein Traum war, so hielt er es doch für möglich, schließlich handelte es sich bei Kriegen nicht um eine Naturgewalt. Es war kein Leid, das von einem tobenden Sturm oder einem schrecklichen Erdbeben verursacht wurde, sondern menschengemachtes Leid.

„Aber wieso können wir die Kriege auf der Welt nicht einfach beenden?", versuchte es der kleine Buddha auf andere Weise. „Irgendwann vergehen sie doch sowieso. Die Zahnärztin hat mir eine Geschichte erzählt von einem König, der aufgehört hat, Kriege zu führen, weil ..."

Der Schmied unterbrach ihn.

„Ich kenne die Geschichte. Ja, sie ist nett, aber sie ist eben nur das: eine Geschichte. Im echten Leben sieht es anders aus." Er klang ernst und fast ein wenig verbittert. „Oder was würdest du tun, wenn dich jemand angreift? Würdest du dich nicht wehren wollen?"

Der kleine Buddha dachte an die Mücke. Es war das letzte und eigentlich auch einzige Mal gewesen, dass er das Gefühl gehabt hatte, angegriffen worden zu sein. Natürlich konnte er das nicht mit einem Krieg zwischen Königreichen vergleichen, trotzdem ließ er nicht locker.

„Aber es muss doch für alles eine friedliche Lösung geben."

Der Schmied schüttelte den Kopf.

„Nein, es gibt nicht immer eine friedliche Lösung. Manchmal ist es nötig zu kämpfen."

Dann griff er zum Hammer, holte eine weitere Eisenstange aus dem Feuer und setzte mit harten und gezielten Schlägen seine Arbeit fort. Der kleine Buddha sah ihm nachdenklich zu. Was, wenn der Mann recht hatte? Vielleicht konnte ein gewalttätiger Tyrann wirklich nur mit Gegengewalt gestoppt werden. Doch war die Gefahr nicht viel zu groß, dass aus der Gewalt ein Teufelskreis wurde? Denn durch neue tiefe Wunden wurden womöglich auch neue Tyrannen geboren. Konnte Gewalt also überhaupt Frieden schaffen?

„Und was, wenn niemand mehr Waffen herstellen würde?"

Der Schmied schlug zwei weitere Male fest zu, bevor er pausierte.

„Selbst wenn es morgen auf der ganzen Welt keine Schwerter mehr geben würde", sagte er mit gleichgültiger Stimme, „würde sich kaum etwas ändern. Die Menschen würden andere Wege finden, gegeneinander zu kämpfen."

„Aber ohne schwere Waffen würden sie sich wenigstens nicht mehr so leicht töten können. Sie würden weiterhin streiten, aber sie könnten sich nicht mehr derart verletzen und …"

Der kleine Buddha zögerte. Waren die Waffen wirklich entscheidend? Oder war das eigentliche Problem ein ganz anderes? Für den Schmied war die Antwort jedenfalls klar:

„Man braucht keine Schwerter, um jemanden zu verletzen. Fäuste können das auch. Und Worte ebenfalls."

Es gab in der Tat viel zu viele Möglichkeiten, anderen Menschen wehzutun, dachte der kleine Buddha. Aber allein die Möglichkeit verursachte noch keine Verletzung – was führte dazu, dass jemand zur Tat schritt?

Der kleine Buddha starrte ins Feuer und schon bald kam ihm erneut der Teufelskreis der Gewalt in den Sinn. Jemand wurde verletzt, eine Wunde entstand und die Schmerzen führten zu weiterer Gewalt. Damit sich nicht alles ewig wiederholen würde, musste dieser Kreislauf durchbrochen werden. Doch wie?

Während der Schmied das nächste Schwert bearbeitete, wiederholte der kleine Buddha in Gedanken die Abfolge: Gewalt, Wunden, Schmerzen, Gewalt. Er war sich sicher, dass es keinen Menschen gab, der im Laufe seines Lebens nicht verletzt wurde. Der Kopf erlitt Beulen und das Herz Schrammen, beides war unvermeidbar. Was wäre aber, fragte er sich, wenn nicht den Waffen, sondern den Schmerzen die volle Aufmerksamkeit geschenkt werden würde. Was, wenn alle anfangen würden, die eigenen Wunden heilen zu lassen? Ein Lächeln huschte über sein Gesicht. Vielleicht war es doch möglich, die Kriege zu beenden.

Dem kurzen Hoffnungsschimmer folgte aber schnell die Ernüchterung. Der kleine Buddha wusste, dass Kriege schnell begonnen werden konnten – Wunden heilen zu lassen hingegen brauchte Zeit. Es würde noch lange dauern, bis die ganze Welt eine wahrhaft friedliche Welt sein würde.

Der Schmied hob den Kopf und blickte zum kleinen Buddha, der immer noch nachdenklich ins Feuer starrte. Er legte zögernd den Hammer zur Seite, dann ergriff er das Wort.

„Auch ich frage mich manchmal, ob es richtig ist, was ich tue. Denn du hast recht: Ich verkaufe Gegenstände, die als tödliche Waffen dienen. Es kann gut sein, dass ich bald damit aufhören werde. Aber weißt du, ein Schwert kann nicht nur zum Kämpfen verwendet werden."

Der kleine Buddha lauschte aufmerksam.

„Ein Schwert trägt in sich eine ganz besondere Kraft", hallte es sanft durch den Raum. „Wenn du dich mit dieser Kraft verbindest, stärkst du dein inneres Gleichgewicht und bekommst die Gelegenheit, den tiefen Frieden zu entdecken, der aus dieser Stärke erwächst. Und wenn du das schaffst, passiert etwas Magisches."

Der Schmied ging zur hinteren Wand und kam mit einem fertigen Schwert zurück. Er hielt es in beiden Händen vor seiner Brust in die Höhe, nahm einen tiefen Atemzug und bewunderte die tanzenden Flammen, die sich auf der Klinge spiegelten.

„Wenn du deine innere Stärke gefunden hast, brauchst du kein Schwert mehr, um dich stark zu fühlen."

Der kleine Buddha nickte erst, dann wurde er stutzig.

„Und was ist mit den Soldaten? Glauben sie nicht an Magie?"

Der Schmied schmunzelte.

„Nein, die meisten Menschen glauben nicht an Magie. Außerdem ist es viel einfacher, einen äußeren Feind zu bezwingen als einen inneren." Er betrachtete wieder das Schwert in seinen Händen. „Was glaubst du, wer ist der größte Feind deiner inneren Stärke?"

Der kleine Buddha zuckte mit den Schultern.

„Angst“, sagte der Schmied. „Angst davor, Nein zu sagen oder eine andere Meinung zu haben, einen Fehler zu begehen oder ihn einzugestehen. Angst davor, einen ersten Schritt zu machen oder einfach stehen zu bleiben. Angst vor dem, was kommen könnte.“

„Und all diese Ängste können mit der Kraft des Schwertes überwunden werden?“

„Ja, aber es erfordert jahrelange Übung. Du musst lernen, dein inneres Feuer zu entfachen und der dunklen Angst den Raum zu nehmen. Dein Feuer soll nicht zerstören, es soll erleuchten!“

Der kleine Buddha wollte sich allzu gerne mit dieser geheimnisvollen Kraft verbinden. Aber er hatte kein Geld, um sich ein Schwert zu kaufen und Unterricht in dieser Friedenskunst zu nehmen. Vielleicht irgendwann, wenn sich seine Lebensumstände ändern würden, aber nicht jetzt. Wenn es darum ging, im eigenen Inneren ein Licht zum Leuchten zu bringen, dann könnte auch die Kraft der Fragen helfen, dachte er. Denn Fragen brachten stets ein wenig Licht in die dunkle Ungewissheit. Selbst wenn er keine Antwort erhielt – für den kleinen Buddha fühlten sich Fragen immer wie ein mutiger erster Schritt an. Ein erster Schritt hinaus aus der Dunkelheit.

War er wirklich unschuldig oder hatte er womöglich auch etwas zum Krieg beigetragen? Was konnte er besser machen, wie konnte er friedlicher werden? Hatte ihn jemand verletzt, spürte er Wunden? Und hatte er Verantwortung für das Heilen dieser Wunden übernommen? Hatte er vergeben?

Der Schmied holte zum Schlag aus.

„Angst und Gewalt schaffen Krieg“, sagte er und ließ den Hammer durch die Luft schnellen, bis er auf das glühende Eisen knallte. „Mut und Kraft schaffen Frieden!“

Die sanfte Bildhauerin

Am frühen Nachmittag zog der kleine Buddha weiter. Kurz zuvor hatte er den Schmied gefragt, was in der Schmiede alles hergestellt wurde. Neben Schwertern und Zangen waren das Nägel, Hufeisen, Gitter, Schlösser, Schaufeln und vieles mehr. Und dann hatte der Schmied von einer besonderen Kundin erzählt, die einmal im Jahr einen kleinen Hammer und mehrere Meißel in verschiedenen Größen bestellte. Es waren eigentlich gewöhnliche Werkzeuge, aber sie dienten der Verrichtung einer sehr ungewöhnlichen Arbeit. Der kleine Buddha hatte sich natürlich sogleich erkundigt, wer diese Bestellung aufgegeben hatte. Und so kam es, dass er nun auf dem Weg war, eine Bildhauerin zu besuchen.

Er hatte erst gezögert, da er weiterhin mit einer dicken Backe herumlief und die Wunde auch noch etwas schmerzte. Hätte er vielleicht zum Bodhi-Baum zurückkehren und sich dort ausruhen sollen? Aber der Steinbruch, in dem die Bildhauerin arbeitete, lag nur eine Stunde nördlich vom Dorf entfernt. Da seine Neugierde seine Bedenken bei Weitem übertraf, hatte er nicht lange gebraucht, um sich zu entscheiden.

Mit der Sonne im Rücken verließ der kleine Buddha die dunkle Gasse. Wenn die Werkzeuge des Schmieds nicht nur zum Zerstören, sondern genauso gut zum kunstvollen Gestalten benutzt werden konnten, schien die Hoffnung noch lange nicht verloren. Im Gegenteil, es gab viele Gründe, zuversichtlich zu sein. Jedes Werkzeug hatte genau wie eine Münze zwei Seiten. Jedes Messer konnte Freunde entzweien oder Fremden helfen, ihr Brot untereinander zu teilen. Krieg oder Frieden, die Menschen hatten die Wahl – jeden Moment aufs Neue.

Der kleine Buddha spazierte auf einem Feldweg vom Dorf in Richtung Norden. Nach einer guten halben Stunde kam er an einen Bach, über den eine alte Steinbrücke führte. Er ging bis zu ihrer Mitte, blieb stehen und stützte sich mit den Händen auf die Seitenmauer. Das machte er fast immer, wenn er Brücken überquerte. Von dort oben hatte er einen herrlichen Blick auf das fließende Wasser und die umliegende Landschaft. Vögel zwitscherten in den Bäumen und in der Nähe quakte eine Ente. Es fühlte sich gut an, dachte er, einfach anhalten zu können und ohne Eile dem Leben zu lauschen.

Nach einer Weile ging er weiter und bald darauf wurde die Gegend hügeliger. Der Schmied hatte ihm gesagt, er solle nach einem großen weißen Felsbrocken Ausschau halten. Es dauerte nicht lange, da sah er ihn, nicht weit vom Wegesrand. Der kleine Buddha folgte der Beschreibung des Schmieds, bog in einen winzigen Trampelpfad ein und verschwand in einer Schlucht zwischen kargen Klippen. Und dann war er da: im Steinbruch der Bildhauerin.

Es war eine Fläche, die so groß war, dass mindestens fünf Bodhi-Bäume darin Platz gefunden hätten. Ringsherum ragten Felswände in die Höhe und der ganze Boden war bedeckt mit weißem Staub. Überall standen Skulpturen, große und kleine, helle und dunkle; er sah Köpfe, Tierfiguren und abstrakte Formen. Während er mit großen Augen staunte, weil er noch nie in einem Steinbruch gewesen war, hörte er auf einmal eine zarte Stimme.

„Willkommen in meinem Wohnzimmer!"

Der kleine Buddha drehte sich zur Seite und begrüßte eine Frau, die ähnlich jung aussah wie die Zahnärztin. Sie hatte allerdings keine langen schwarzen, sondern kurze weiße Haare. Wobei die Farbe vermutlich mit dem weißen Staub zusammenhing.

„Dein Wohnzimmer?"

„Es fühlt sich jedenfalls so an", sagte die Bildhauerin lächelnd und deutete auf einen Felsvorsprung über einer Ecke. „Eine Küche gibt es auch und dort vorne ist mein Schlafzimmer."

„Das heißt, du lebst hier?"

„Ja."

Der kleine Buddha blickte ein wenig skeptisch drein.

„Vermisst du es nicht, eine Aussicht zu haben? Wenigstens ein Fenster irgendwo?"

Die junge Frau schüttelte den Kopf und lächelte wieder.

„Nein, ich vermisse überhaupt nichts. Es ist mein absoluter Lieblingsort! Und ein Stück vom Himmel sehe ich ja auch immer."

Jetzt lächelte der kleine Buddha ebenfalls. In der Tat, was sollte man an einem Lieblingsort schon vermissen? Lieblingsorte waren perfekt, so, wie sie waren.

„Und was macht diesen Ort so besonders für dich?", wollte er wissen.

„Hier kann ich mein Handwerk ausüben. Ich liebe meine Arbeit, sie sorgt nicht nur für meinen Unterhalt, sondern erfüllt mein Leben auch mit Sinn und hilft mir, mich besser kennenzulernen."

Sie nahm Hammer und Meißel in die Hand und machte ein paar Schritte auf einen hellen, säulenförmigen Stein zu.

„Wenn ich an einer Skulptur arbeite, ist es, als würde mir der Stein eine Geschichte erzählen. Manchmal sind es Geschichten über das Leben in der Welt, andere Male Geschichten über mich."

Dann begann sie, zu hämmern. Es war bereits das zweite Mal, dass der kleine Buddha jemandem mit einem Hammer in der Hand bei der Arbeit zuschaute. Und wenn er den Nussknacker vom Vortag mitzählte, war es sogar das dritte Mal. Doch anders als der Schmied arbeitete die Bildhauerin nicht mit wuchtigen Schlägen, sondern eher mit einem sanften Klopfen. Nicht in einem gleichmäßigen Takt wie der Schmied, sondern in einem melodischen Rhythmus, fast wie eine Musikerin. Mal schneller, mal langsamer: klack-klack, klack-klack-klack.

Der kleine Buddha beobachtete die Bildhauerin fasziniert. Es wirkte so mühelos, als würden sich Hammer und Meißel von alleine bewegen.

„Woher weißt du, an welcher Stelle du hämmern musst?", fragte er.

Sie überlegte etwas länger, ohne ihre Arbeit zu unterbrechen.

„Manchmal erhalte ich einen konkreten Auftrag für einen Grabstein oder eine Statue, dann ist genau vorgegeben, was ich machen muss. Aber wenn ich auf eigene Initiative arbeite, ist es ein mysteriöses Zusammenspiel zwischen meinem Bauchgefühl, meiner Fantasie und dem Stein. Dann lege ich einfach los und weiß nicht, was das Innere für mich bereithält. Ich fange mit einer groben Idee an und muss geduldig erspüren, was der Stein möchte. Denn der Stein ist viel älter als ich, viel mächtiger und weiser. Wenn ich ihm nicht die nötige Demut entgegenbringen würde, müsste die Geschichte, die in ihm steckt, im Verborgenen bleiben."

Dem kleinen Buddha kribbelte es in den Fingern.

„Ist es schwer, zu erspüren, was der Stein möchte?"

„Finde es am besten selbst heraus!"

Die junge Frau ging zu einer Holzkiste, die an der Felswand stand, öffnete sie und kam mit einem Stoffbeutel zurück. Dann führte sie den kleinen Buddha zu einem runden Brocken, der ungefähr so groß war wie ein Stuhl. Sie reichte ihm aus dem Beutel Hammer und Meißel.

Strahlend nahm er die Werkzeuge entgegen und freute sich über diese wunderbare Gelegenheit, etwas Neues auszuprobieren. Er ließ seine Hand über die raue Oberfläche des harten Felsbrockens gleiten. Was wohl in seiner Tiefe schlummerte?

„Wenn du eine genaue Vorstellung davon hast, was du machen möchtest", sagte die Bildhauerin, „dann lass diese konkrete Idee wieder los. Konzentriere dich auf deinen Atem und lass dich treiben." Sie hielt einen Moment inne, bevor sie sich abwandte, um an ihren eigenen Arbeitsplatz zurückzukehren. Beim Umdrehen flüsterte sie ihm noch zu: „Der Trick ist, loszulassen, ohne den Fokus zu verlieren."

Es hörte sich gar nicht so schwer an, dachte der kleine Buddha. Aber schon bald musste er feststellen, dass es alles andere als leicht war, diesen Trick in die Praxis umzusetzen. Anfangs musste er sich in erster Linie darauf konzentrieren, mit dem Hammer nicht aus Versehen seine Finger zu treffen. Auf weitere Schmerzen hatte er an diesem Tag wirklich keine Lust, die Wunde im Mund reichte ihm. Einige Male wäre er fast abgerutscht, doch er machte weiter und fand nach und nach einen treffsicheren Rhythmus.

Wie schon beim Nüsseknacken tauchte der kleine Buddha langsam in eine wohltuende Beständigkeit ein. Er machte die ganze Zeit dieselbe Bewegung, hörte die hellen Schläge auf dem harten Stein, klack-klack, klack-klack-klack. Verbunden mit seinem gleichmäßigen Atmen war auch das Bildhauern eine Form der Meditation. Und wie bei jeder Meditation klappte es nicht immer und auch nicht die ganze Zeit, aber manchmal eben schon: Plötzlich gab es kein Festhalten mehr an vorbeiziehenden Gedanken und sein Fokus war voll und ganz auf die Gegenwart gerichtet.

Der erste Gedanke nach so einem Moment der Zeitlosigkeit war oft ein ganz besonderer. So auch dieses Mal: Schmied, Nüsse, Stein – was hatten sie gemein? Alle hatten eine harte Schale und einen weichen Kern. Eine äußere Schutzhülle, die vorsichtig geknackt werden musste, um den darunterliegenden Zauber zu entdecken.

Der kleine Buddha stellte sich vor, wie es wohl um die Welt bestellt wäre, wenn viel mehr Menschen einem gestalterischen Handwerk nachgehen würden. Der Schmied würde vielleicht weniger Schwerter schmieden und stattdessen mehr Werkzeuge für die Künstler; Nachrichten von Krieg würden die Ausnahme bilden und statt lähmender Angst würde sich gleichmütige Freude ausbreiten. Ein schöpferisches Miteinander, liebevoll und gewaltlos. Was wäre, dachte er, wenn all das Wirklichkeit werden würde?

Die friedliche Welt, war sie ein Traum? Oder eine echte Möglichkeit?

„Eure Herzen müssen sich verbinden", ertönte auf einmal die Stimme der jungen Frau. „Beide im Einklang, das Herz des Menschen und das Herz des Steins. Nicht denken und lenken, sondern fühlen und fließen!"

Der kleine Buddha blieb den restlichen Nachmittag im Steinbruch und übte sich im Bildhauern. Dabei vergaß er sowohl die Schmerzen als auch die Zeit. Als es dunkel wurde, bot ihm die Bildhauerin an, im Steinbruch zu übernachten. Unter einem der Felsvorsprünge hatte sie eine weitere Schlafecke eingerichtet. Der kleine Buddha nahm das Angebot gerne an und freute sich bereits darauf, in aller Frühe wieder an dem Stein arbeiten zu können.

Seine Gastgeberin kochte eine leichte Suppe, die sie gemeinsam im Licht des abnehmenden Mondes verzehrten. Nach dem Essen wusch sich der kleine Buddha sorgfältig den Mund aus, um die Kräuterpaste, die die Zahnärztin auf die Wunde gestrichen hatte, wie angewiesen zu entfernen. Das schmerzte noch einmal, doch kurz darauf konnte er mit der Zunge vorsichtig das Zahnfleisch inspizieren. Die Wunde war noch nicht gänzlich verheilt, aber schon deutlich kleiner geworden.

Während der kleine Buddha erleichtert aufatmete, kam ihm auf einmal der Gedanke, dass es im Grunde ein Glück gewesen war, sich an der Nussschale zu verletzen. Denn dank der Wunde war er über die Zahnärztin und den Schmied hier bei der Bildhauerin gelandet. Die Wunde war also zu einem ganz wichtigen, nicht mehr wegzudenkenden Teil seiner Reise geworden.

Nach einer ruhigen Nacht begab sich der kleine Buddha am Morgen sogleich an seinen Arbeitsplatz und hämmerte den ganzen Tag. Nur gelegentlich machte er eine Pause, um etwas Tee zu trinken oder sich neugierig im Steinbruch umzusehen. Was ihn am meisten faszinierte, abgesehen von den vielen Skulpturen, waren die winzigen Pflanzen, die aus der steilen Felswand wuchsen. Woher sie bloß Wasser bekamen, fragte er sich. Sie hatten einen Weg gefunden, an der scheinbar unmöglichsten Stelle zu leben. Einfach so. Manche der Pflanzen hatten sogar kleine gelbe Blumen hervorgebracht. Es waren wahre Wunder, dachte er. So viel Lebenslust trotz schwierigster Umstände.

Auch am dritten Tag hämmerte der kleine Buddha weiter. Langsam, aber sicher, nahm sein Stein Gestalt an. Er hatte Ähnlichkeit mit einem Baum, allerdings war er so krumm und schief, dass er kaum als solcher zu erkennen war. Der kleine Buddha wurde ein wenig ungeduldig und verlor immer wieder die Konzentration, wodurch auch die Präzision in Mitleidenschaft gezogen wurde. Er fühlte Frustration aufsteigen, weil er den Eindruck hatte, dass er nicht wirklich vorwärts kam. Sein Schlagen wurde nicht mehr vom Herzen, sondern immer mehr vom Kopf gesteuert. Und da geschah es: Er schlug etwas zu fest an der falschen Stelle und hörte, wie ein Riss durch den Stein wanderte. Im nächsten Augenblick ein Krachen und sein krummer Baum brach entzwei.

Der kleine Buddha starrte entsetzt auf sein Kunstwerk. Er hatte es zerstört!

„Das ist mir früher auch manchmal passiert", tröstete ihn die Bildhauerin, die nur wenige Meter von ihm entfernt stand. Dann lächelte sie. „Kunst ist ohnehin kein Objekt, sondern ein Prozess. Das Wichtigste ist nicht das Ergebnis, sondern das Tun an sich."

Zuerst fiel es dem kleinen Buddha schwer, loszulassen, schließlich hatte er tagelang viel Herzblut in den Baum gesteckt. Doch schon bald lächelte er ebenfalls. Sie hatte recht: Es ging um die gelebten Momente!

Er legte das Werkzeug beiseite und schaute der Bildhauerin zu, wie sie mit großem Geschick eine harmonische Skulptur formte. Das eigene Hämmern war aufregend gewesen, dachte der kleine Buddha, aber jetzt tat er das, was er von allen Tätigkeiten am meisten genoss: das Leben beobachten! Nie aufdringlich, aber stets aufmerksam.

Nach und nach kam aus dem weißen Gestein eine Taube zum Vorschein. Es schien, als hätte sie nur darauf gewartet, freigelegt zu werden. Mit sanften Schlägen wurde ihr geholfen, ohne Zögern und mit viel Geduld, bis das Wesen schließlich geboren war.

„Was bedeutet diese Taube für dich?", wollte der kleine Buddha wissen.

Die junge Frau trat einen Schritt zurück und ließ ihr Kunstwerk auf sich wirken. Eine Zeitlang herrschte Stille im Steinbruch.

„Schönheit", sagte die Bildhauerin schließlich. „Die Taube erinnert mich daran, wie viel Schönheit in der Welt existiert. Wir müssen nur richtig hinsehen, dann finden wir sie überall."

Wieder Stille.

„Und an Freiheit erinnert sie mich auch. Es macht mich immer unheimlich glücklich, Vögeln beim Fliegen zuzusehen. Wenn sie mit ausgebreiteten Flügeln durch die Luft gleiten, fühle ich ihr Freisein. Und ich glaube, in diesem Freisein versteckt sich ein tiefer Frieden."

Glück, Freiheit und Frieden, wiederholte der kleine Buddha in Gedanken. Vielleicht war das die Botschaft, die der Stein mithilfe der Taube übermitteln wollte. So einfach und doch so beruhigend wie hoffnungsvoll:

„Alles Schöne ist miteinander verbunden!"

Die weinende Schulklasse

Nach drei Tagen bei der Bildhauerin verspürte der kleine Buddha den Wunsch, zu seinem Bodhi-Baum zurückzukehren. Es war ein klarer Vorteil gegenüber langen Reisen in die Ferne: Auf einer kurzen Reise konnte er bei Heimweh ganz unkompliziert und schnell nach Hause gehen, wann immer er wollte. Nicht, dass er starkes Heimweh gehabt hätte, aber sobald er einige Tage unterwegs war, vermisste er den Platz unter dem alten Baum. Vielleicht war es sogar dieses Vermissen, das den Bodhi-Baum erst zu seinem Zuhause werden ließ. Oder vielleicht war alles, was er vermisste, sein Zuhause. Orte, Freunde, Momente.

Die Bildhauerin gehörte ab sofort auch dazu. Er liebte ihre Arbeit mit den Steinen und fühlte sich von ihr inspiriert, sich selbst auch wieder öfter treiben zu lassen – mit dem einzigen Ziel, im Hier und Jetzt zu sein. Egal, ob es malen, musizieren oder bildhauern war, gärtnern, kochen oder einen Sonnenuntergang genießen. Es ging darum, Momente zu schaffen, die den eigenen Frieden nährten.

Auf dem Weg nach Hause kam der kleine Buddha an einer winzigen Schule vorbei. Sie befand sich zwischen dem Dorf und seinem Bodhi-Baum und bestand lediglich aus einem einzigen Raum. Hinter dem Gebäude gab es einen großen Garten und das dahinterliegende Feld grenzte an ein Waldstück. Es war Nachmittag, als er auf Höhe der geschlossenen Tür stehen blieb. Alles war ruhig und niemand schien mehr dort zu sein.

Der kleine Buddha wollte schon weitergehen, da fiel sein Blick auf die schwarze Tafel, die unter dem Vordach stand. Er ging näher heran, bis er lesen konnte, was darauf in weißer Kreide geschrieben stand.

MORGEN: TRAUERSTUNDE.

Was das wohl zu bedeuten hatte, fragte er sich. Eine Trauerstunde. Davon hatte er noch nie gehört. Ob irgendetwas vorgefallen war? Oder war Trauern in dieser Schule ein Fach? Er kannte Mathematik und Geografie, Sprache und Geschichte – aber Trauern? Wenn es so sein sollte, dass es wirklich ein Fach war, würde er allzu gerne herausfinden, ob es möglich war, einer solchen Unterrichtsstunde beizuwohnen. Nachdenklich setzte er seinen Weg fort.

Die Ankündigung auf der Tafel ließ den kleinen Buddha nicht mehr los. Noch bevor er den Bodhi-Baum erreicht hatte, beschloss er, am nächsten Tag zur Schule zurückzukehren. Er musste wissen, was es mit dieser Trauerstunde auf sich hatte.

In aller Frühe brach er wieder auf. Es war ein ausgesprochen milder, windstiller Morgen. Unterwegs fragte er sich, ob vielleicht am Vortag niemand daran gedacht hatte, die Tafel sauber zu wischen, und die Trauerstunde schon längst stattgefunden hatte. Aber wenn es so sein sollte, dann hätte er wenigstens einen ausgiebigen Spaziergang gemacht. Gleichmütig schaute er in den blauen Himmel und wanderte leichten Schrittes weiter.

Eine knappe Stunde später erreichte der kleine Buddha die Schule und trat vor die Eingangstür, die dieses Mal halb offen stand. Vorsichtig spähte er in den Raum, sah Stühle und Tische und eine große Wandtafel – aber weit und breit keine Menschenseele. Dann bemerkte er, dass die Tür auf der gegenüberliegenden Seite nur angelehnt war. Er ging darauf zu, blieb aber auf halbem Wege wie angewurzelt stehen, denn von draußen ertönte ein leises Schluchzen. Langsam schlich er sich an, bis er durch den Türspalt auf die Terrasse sehen konnte. Auf einem großen Teppich saß eine Gruppe Kinder im Kreis, vier Mädchen und fünf Jungen. Eine Lehrerin war auch unter ihnen. Einer der Jungen wischte sich ein paar Tränen aus dem Gesicht und setzte seine Erzählung fort.

„Fast ein Jahr ging das so, meine Schwester wurde immer wieder schwer krank und meine Eltern waren verzweifelt. Und dann, letzte Woche ..." Neue Tränen liefen seine Wangen hinunter. „Plötzlich hörte ich meine Mutter schreien ..." Stille. „ ... denn meine Schwester war tot."

Das Mädchen neben ihm begann nun ebenfalls zu weinen, dann ein anderer Junge, dann die Lehrerin und schließlich weinten alle. Auch der kleine Buddha.

„Wie fühlst du dich?", fragte die Lehrerin nach einer Weile behutsam in die Runde und schaute nach und nach jedem Kind direkt in die Augen.

„Ich bin traurig", sagte ein Mädchen.

„Ich habe Angst", sagte der Junge neben ihr. „Mein Bruder ist auch manchmal krank, ich will ihn nicht verlieren."

„Ich bin enttäuscht, dass ihr niemand helfen konnte", trauerte ein anderes Mädchen.

„Ich fühle mich schrecklich alleine", sagte der Junge, dessen Schwester gestorben war.

Die Lehrerin schwieg und schenkte dann allen ein herzliches Lächeln.

„Danke, dass ihr eure Gefühle miteinander teilt. Jedes einzelne dieser Gefühle darf hier sein, jedes dieser Gefühle möchte gesehen werden. Deswegen ist es so wichtig, dass ihr zeigt, was ihr fühlt."

Dann wandte sie sich an den betroffenen Jungen.

„Gibt es etwas, was wir für dich tun können?"

Der Junge zuckte hilflos mit den Schultern.

„Wie könnten wir ihn trösten?", fragte die Lehrerin die anderen Kinder. „Hat jemand eine Idee?"

Eine Zeitlang herrschte Schweigen.

„Wir könnten ihn in den Arm nehmen", schlug schließlich ein Mädchen vor. „Um ihm zu zeigen, dass er nicht alleine ist."

Was für eine wundervolle Idee, dachte der kleine Buddha. Und dann geschah etwas, das bei ihm noch mehr Tränen fließen ließ: Jedes Kind rückte näher an den Jungen heran und umarmte ihn. Aus dem großen Kreis wurde ein kleiner, aus dem Mitleid der anderen wurde ein heilendes Miteinander. Aus vielen wurde eins.

„Nicht denken", erinnerte die Lehrerin mit behutsamer Stimme. „Fühlen!"

Obwohl der kleine Buddha alleine hinter dem Türspalt hockte, kam es ihm vor, als wäre er Teil der weinenden Schulklasse. Er war tief berührt von der Einfühlsamkeit der Kinder und von der Art und Weise, wie die Lehrerin der Trauer Raum gab.

Für eine Weile blieb die Gruppe eng umschlungen in derselben Position. Ab und an war ein Schluchzen zu vernehmen, gefolgt von einigen tröstenden Worten. Erst nachdem es etwas länger völlig still gewesen war, schlug die Lehrerin einen Gong und der Knubbel löste sich wieder auf.

„Eine kleine Pause, dann treffen wir uns drinnen zur Mathematikstunde", sagte sie.

Die Kinder verteilten sich sogleich auf dem Grundstück und verhielten sich, als wäre nichts Ungewöhnliches passiert. Einige spielten Fangen, andere kletterten auf einen Baum. Während der kleine Buddha ihnen nachschaute, merkte er nicht, dass die Lehrerin von der Seite zu ihm trat.

„Wie hat dir unsere Trauerstunde gefallen?", fragte sie, als sie neben ihm stand.

Der kleine Buddha fuhr erschrocken herum.

„Tut mir leid, ich wollte nicht stören", sagte er sofort.

„Du brauchst dich nicht zu entschuldigen", entgegnete sie. „Hier ist jeder willkommen, denn wir alle können von diesen Momenten der Trauer lernen."

Der kleine Buddha nickte. Er hatte selten erlebt, dass mit derart tiefen Gefühlen auf eine so natürliche Art und Weise umgegangen wurde.

„Macht ihr solchen Unterricht regelmäßig?", wollte er wissen.

„Ein eigenes Fach ist es nicht, wenn du das meinst. Aber ja, es kommt öfter vor. Jedes Mal, wenn ein Kind eine traurige Phase durchlebt, setzen wir uns gemeinsam hin und hören einander zu. Es kann ein Streit in der Familie sein, eine Enttäuschung oder einfach eine schwierige Phase. Und heute hatte ein Kind eben einen Todesfall zu beklagen. Da müssen wir natürlich besonders aufmerksam und mitfühlend sein."

„Und am Ende umarmen sich immer alle?"

„Ja", lachte die Lehrerin, „meistens endet die Stunde in einer großen Umarmung. Es ist ein versöhnlicher Abschluss. Die Kinder fühlen, dass sie von allen wahrgenommen werden, so, wie sie wirklich sind. Nicht nur ihre schönen und starken Seiten, sondern auch ihre verletzlichen. Auch ihre Schmerzen, Ängste und Tränen, all das, was oft als Schwäche bezeichnet wird."

„Aber warum werden Ängste und Tränen überhaupt als Schwäche angesehen?", wunderte sich der kleine Buddha.

„Weil Ängste und Tränen deine Verwundbarkeit offenlegen."

„Aber sind wir nicht alle verwundbar?"

„Natürlich sind wir das", stimmte ihm die Lehrerin zu. „Und ich glaube sogar, es ist diese Verwundbarkeit, die uns zu vollkommenen Menschen macht. Das versuche ich den Kindern zu vermitteln, dass Trauer und Wunden ein wichtiger Teil des Lebens sind. Anstatt diesen Teil zu ignorieren, ist es besser, ihn ans Licht zu bringen und ihn zu umarmen."

Während beide auf der Terrasse standen, sich unterhielten und dabei den Kindern beim Spielen zuschauten, wurden sie auf einmal von einem Mädchen unterbrochen. Es war auf dem Rasen ausgerutscht und kam nun weinend angehumpelt. Sein Knie blutete ein wenig und so nahm die Lehrerin das Kind mit in den Waschraum, um es zu verarzten.

Eine weitere Wunde, dachte der kleine Buddha. Doch was für ein Leben wäre es, wenn man alles tun würde, um Verletzungen zu vermeiden? Denn nur, wenn man sich nicht bewegte, konnten Verletzungen gänzlich vermieden werden. Und nur, wenn man nichts fühlte, konnte Herzschmerz ausgeschlossen werden. Ein Leben, in dem sich nichts bewegte, weder Körper noch Herz – wer wollte so ein Leben führen? Die Lehrerin hatte recht: Es war wichtig, die eigene Verwundbarkeit in Ehren zu halten. Denn erst die Verwundbarkeit machte das Leben lebenswert.

„Es ist nur eine Schürfwunde", sagte die Lehrerin, als sie wieder zurückkamen. Das Mädchen zeigte dem kleinen Buddha stolz den weißen Verband, dann rannte es wieder zu den anderen.

„Aber selbst ein kleiner Kratzer kann helfen, unser Mitgefühl zu stärken", fuhr die Lehrerin fort. „Jede Wunde kann helfen, andere Menschen und deren Schicksal besser zu verstehen. Die Voraussetzung dafür ist, dass die eigenen Wunden genügend Aufmerksamkeit bekommen, damit sie heilen können. Aufmerksamkeit in Form von Liebe und Zeit. Und wenn Verwundbarkeit auf Liebe und Zeit trifft, entsteht etwas ganz Besonderes: Vertrauen! Vertrauen zu Menschen, Vertrauen zu dir selbst und Vertrauen zum Leben."

Der kleine Buddha und die Lehrerin schauten schweigend den Kindern zu. In jedem der kleinen Gesichter steckten ungeachtet des jungen Alters schon viele gelebte Geschichten.

„Ist es schon einmal passiert, dass ein Kind trotz aller Trauerstunden traurig geblieben ist?“, fragte er nach einer Weile.

„Nein, aber manchmal hält die Trauer länger an. Auch das darf sein.“ Die Lehrerin hielt kurz inne. „Und noch etwas anderes darf sein: Fragen dürfen unbeantwortet bleiben. So wie diese: Warum musste seine Schwester so jung sterben?“ Ihr Blick ging zu dem Jungen, den gerade noch alle umarmt hatten und der jetzt unbeschwert über das Feld flitzte. „Auf manche Fragen gibt es einfach keine befriedigende Antwort – aber das macht auch nichts.“

Der kleine Buddha pflichtete ihr bei. Er fand, es wäre bedauerlicher, keine Fragen zu haben.

„Glaubst du, es gäbe weiterhin Kriege, wenn alle Menschen lernen würden, so gut mit ihren Gefühlen umzugehen wie die Kinder bei dir in der Trauerstunde?“

„Ich weiß nicht, ob es gar keine Kriege mehr geben würde, aber bestimmt wären es weniger. Wenn du bereits in jungen Jahren lernst, dich offen und ehrlich mit deinen schmerzhaften Gefühlen auseinanderzusetzen, wirst du auch als Erwachsener ausgeglichener und friedlicher sein.“

Sie läutete eine Klingel, um das Ende der Pause anzukündigen. Kurz darauf kamen die Kinder in den Klassenraum. Die Lehrerin drehte sich noch einmal zum kleinen Buddha.

„Ich bin mir sicher, dass kein Kind mit dem Verlangen geboren wird zu töten. Ein Mensch verletzt andere, weil er selbst verletzt wurde und nicht gelernt hat, mit dem, was geschehen ist, Frieden zu schließen."

Der kleine Buddha schenkte der Lehrerin ein Lächeln. Welch wichtige Arbeit sie leistete! Alle Menschen durchlebten traurige Phasen, das war gar nicht zu vermeiden. Allein die Art und Weise, wie mit der Trauer umgegangen wurde, ließ sich beeinflussen. Deswegen stand für den kleinen Buddha nun eines fest: Trauerstunden sollten in jeder Schule eingeführt werden!

Die geheimnisvolle Astrologin

Nach dem Besuch in der Schule kehrte der kleine Buddha unter seinen Bodhi-Baum zurück und verbrachte dort einige Tage alleine. Er meditierte viel und sah den Wolken zu, wie sie friedlich über ihn hinwegzogen. Während er seelenruhig in den Himmel schaute, musste er plötzlich an die geheimnisvolle Astrologin denken. Er kannte sie noch nicht, hatte aber bereits viel von ihr gehört. Angeblich beobachtete sie die Sterne, um die Menschen besser zu verstehen. Schon seit geraumer Zeit wollte der kleine Buddha sie besuchen, aber irgendetwas war immer dazwischengekommen. Entweder hatte er eine Reise in die Ferne vorgezogen oder er hatte selbst zu viele Besucher bekommen und war zu beschäftigt gewesen. Jetzt schien die Gelegenheit günstig und somit entschied er sich, am nächsten Morgen aufzubrechen. Von seinem Freund, dem Bauern, hatte er eine Wegbeschreibung erhalten. Er wanderte fast den ganzen Tag über lang gezogene Hügel und weite Felder. Wie bei jeder Wanderung wurde ihm alsbald bewusst, dass das Wandern zu seinen absoluten Lieblingsbeschäftigungen zählte. Dabei war es egal, ob er mit schnellen oder langsamen Schritten unterwegs war – worauf es ankam, war die gleichmäßige Bewegung, die einfach guttat. Er liebte es, einen Fuß vor den anderen zu setzen und dabei zu beobachten, wie die Gedanken ebenfalls frei und leicht umherwanderten.

Am späten Nachmittag hatte der kleine Buddha sein Ziel fast erreicht. Doch bevor er der Astrologin gegenübertreten konnte, musste er noch ein Hindernis überwinden. Der Bauer hatte ihm bereits davon erzählt: Ein riesiges Labyrinth wollte durchquert werden! Es bestand aus rotblättrigen Hecken, die fast doppelt so hoch waren wie der kleine Buddha. Sie waren dicht verzweigt und mit unzähligen Dornen versetzt. Er betrat den Eingang und ging los, etwas zögerlich zwar, aber doch zuversichtlich. Anfangs lachte er noch, wenn er merkte, dass er im Kreis gelaufen oder in einer der vielen Sackgassen gelandet war. Doch mit der Zeit verging ihm das Lachen. Er hatte es sich viel einfacher vorgestellt, aber immer wieder sah er sich einer undurchdringlichen Wand aus Dornen und Zweigen gegenüber. Der kleine Buddha versuchte, sich an einigen Steinen am Boden zu orientieren, und hatte sogar für eine Weile das Gefühl, auf dem richtigen Weg zu sein, bis er kurz darauf vor der nächsten roten Wand stand. Alles sah gleich aus, und er fragte sich, ob schon einmal jemand aus dem Labyrinth gerettet werden musste.

Als es anfing, dunkel zu werden, blieb der kleine Buddha stehen. Er drehte sich einige Male um die eigene Achse und stieß einen Seufzer aus. Erst jetzt hatte er die Idee, die eigentlich naheliegend war: Er schaute nach oben. Die unterschiedlichen Farbtöne des frühen Abendhimmels gaben dem scheinbaren Chaos um ihn herum auf einmal etwas Ordnung und Struktur. Er ging weiter und hatte nun zum ersten Mal nicht mehr das Gefühl, im Kreis zu laufen. Wenig später fand er tatsächlich den Ausgang und stand vor einem runden Haus, das von allen Seiten durch die hohen Hecken geschützt war. Auf der Terrasse saß eine Frau mit langen grauen Haaren. Sie wippte in einem Schaukelstuhl und war in ein Buch vertieft. Kein Wunder, dachte der kleine Buddha, dass die Astrologin geheimnisvoll genannt wurde, wenn bereits der Zugang zu ihrem Haus aus einem undurchschaubaren Irrgarten bestand.

„Hallo“, begrüßte er sie.

Die Frau sah von ihrem Buch auf.

„Zur späten Stunde noch eine Lesung? Ja, warum nicht. Schließlich ist heute Neumond.“

Der kleine Buddha starrte sie fragend an. Er verstand überhaupt nicht, was sie meinte.

„Du willst mir aus deinem Buch vorlesen?“

„Nein. Eine astrologische Lesung. Bist du nicht deswegen gekommen?“

„Ich glaube nicht.“

Die Frau runzelte die Stirn.

„Und warum bist du hier?“

„Aus Neugierde. Ich habe viel von dir gehört und wollte dich gerne kennenlernen. Die Leute erzählen, dass du verstehst, was die Sterne sagen. Stimmt das?“

Sie lachte kurz, dann schwieg sie.

„Warum hast du eigentlich ein Labyrinth als Eingang?“, schob der kleine Buddha nach. „Ach, und warum ist der Neumond wichtig?“

Wieder ein herzhaftes Lachen.

„Das sind aber viele Fragen“, sagte die Frau. „Ich mache uns erst einmal einen Tee, was hältst du davon?“

Der kleine Buddha nickte mit einem Lächeln. Ein Tee war immer eine gute Idee!

Während die Astrologin in ihrem runden Haus verschwand, setzte er sich auf den Sessel, der gegenüber dem Schaukelstuhl stand. Auf dem kleinen Tisch daneben lagen einige leere Blätter, ein Stift und ein gefaltetes Taschentuch. An einer Leine, die über der Terrasse zwischen Pfähle gespannt war, hingen zwei Öllampen und ein Bogen mit mehreren Federn. Im Schutz der Hecken war es völlig windstill, keine einzige Feder bewegte sich. Der kleine Buddha begutachtete alles mit großem Interesse. Das Labyrinth, das runde Haus, die Federn – es war ein höchst seltsamer Ort. Voller Rätsel und unbekannter Weisheiten.

Kurz darauf kam die Frau mit einer dampfenden Teekanne und zwei Holzbechern zurück. Sie schenkte beiden ein und setzte sich wieder auf ihren Stuhl.

„Das Labyrinth ist dafür da, dass hierher nur die Menschen finden, die das auch wirklich wollen. Menschen, die nicht nur der bekannten Erde vertrauen, sondern auch gewillt sind, im Himmel nach Orientierung zu suchen." Sie zwinkerte ihm zu. „Die Seefahrer und Wüstenwanderer orientieren sich an den Sternen, um eine möglichst sanfte und sichere Reise zu haben – die Astrologie macht das Gleiche für die Reise durchs Leben."

Wie spannend, dachte der kleine Buddha und hörte weiter aufmerksam zu.

„Die Sterne geben dir Orientierung, damit du dich nicht ständig verirrst. Dazu können sie dir helfen zu verstehen, wer du wirklich bist. Und wenn du dich selbst besser verstehst, bist du auch in der Lage, andere Menschen besser zu verstehen. Auf diese Weise gibt es viel weniger Streit in der Welt." Die Astrologin nahm einen vorsichtigen Schluck von dem heißen Tee, dann fügte sie hinzu: „Meine Aufgabe ist es, die Sprache der Sterne zu übersetzen."

Der kleine Buddha war vollkommen fasziniert und wurde immer neugieriger. Das Übersetzen der Sternenworte hatte bestimmt mit dieser Lesung zu tun, von der sie anfangs gesprochen hatte.

„Und was ist mit dem Neumond?"

„An Neumond steht der Mond genau zwischen Erde und Sonne. Er ist nicht zu sehen, so, als wäre er gestorben – etwas Altes endet und etwas Neues beginnt. Der Neumond steht also für einen Neuanfang. Es ist ein guter Zeitpunkt, etwas zu beginnen: eine Reise, ein Studium, eine Beziehung. Den ersten Schritt in ein neues Abenteuer!"

Der kleine Buddha trank ebenfalls etwas Tee. Die Frau hatte ihn mit wenigen Sätzen völlig in ihren Bann gezogen. Und doch hörte er ihr nicht nur fasziniert, sondern auch mit einer gewissen Skepsis zu. Wie sollten diese kleinen glitzernden Punkte am Himmel etwas über ihn wissen? Und wieso sollten manche Menschen in der Lage sein, dieses Wissen richtig zu interpretieren?

„Aber woher kennst du die Sprache der Sterne?"

„Eine weise Meisterin hat sie mir beigebracht."

Einen Augenblick herrschte Stille. Der letzte Sonnenstrahl tauchte hinter dem Haus unter.

„Und diese Meisterin, wie hat sie die Sprache gelernt?"

„Durch genaues und stetiges Beobachten. Viele Jahrhunderte haben die Menschen gebraucht, um diese besondere Sprache zu deuten. Und selbst heute geht das Lernen weiter, denn wir verstehen immer noch längst nicht alles, was in den Sternen steht."

Der kleine Buddha blickte nachdenklich zum rot leuchtenden Horizont.

„Bedeutet das deiner Meinung nach, dass alles im Leben vorherbestimmt ist? Oder können sich die Sterne auch irren?"

Die Astrologin zögerte und schaute ebenfalls zum Abendhimmel.

„Nein, die Sterne irren sich nie. Es sind die Menschen, die sich irren, denn die Sprache der Sterne ist unheimlich komplex. Es gibt vieles, das falsch übersetzt werden kann."

„Aber dann denkst du also, dass alles bereits feststeht? Wenn die Sterne sagen, dass ich morgen sterbe", fragte er leicht besorgt, „dann kann ich daran nichts ändern?"

Die Frau schüttelte schmunzelnd den Kopf.

„Du bist nicht der Erste, der mir diese Frage stellt. Aber ich kann dich beruhigen: Nirgendwo steht, an welchem Tag du sterben wirst." Sie hielt inne und sah ihrem Besucher in die

Augen. „In der Astrologie geht es nicht um genaue Vorhersagen, sondern um Tendenzen. Bei deiner Persönlichkeit ist es genauso: Wenn die Sterne sagen, dass Ordnung für dich wichtig ist, heißt das noch lange nicht, dass du die ganze Zeit ordentlich bist. Oder wenn der Planet Mars bei deiner Geburt im Zeichen Widder stand und dir einen streitbaren Charakter zuschreibt, bedeutet das nicht, dass du fröhlich in jeden Krieg ziehst."

„Aber ich könnte dann vielleicht ein guter Kämpfer sein, oder?"

„Genau. Aber beim Mars geht es zum Beispiel gar nicht nur um irgendwelche Schlachten. Meine Meisterin sagte immer, dass die kraftvolle Energie des roten Planeten schon allein wichtig sei, um morgens aus dem Bett zu kommen."

Die Astrologie schien tatsächlich eine komplexe Sprache zu sein, dachte der kleine Buddha. Er wunderte sich, ob und – wenn ja – inwieweit das Leben wohl vorherbestimmt war. Er dachte an die Worte der Lehrerin, die in dem Gespräch nach der Trauerstunde gesagt hatte, sie glaube, kein Kind würde mit dem Verlangen geboren werden, zu töten.

„Kannst du denn die aggressiven Absichten eines Tyrannen schon an der Planetenkonstellation zur Zeit seiner Geburt ablesen?"

„Eine gewisse Angriffslust wäre höchstwahrscheinlich in seinem Geburtshoroskop sichtbar, ja, aber die muss nicht zwangsläufig zu Gewalt führen." Sie dachte einen Moment nach. „Genauso gut könnte man dieses Pontenzial in positive Energie umwandeln und diese Kraft benutzen, um die höchsten Berge zu erklimmen oder anderen in schwierigen Situationen zu helfen. Jeder Mensch hat eine eigene Geschichte und trifft seine eigenen Entscheidungen, für die er allein verantwortlich ist. Niemand kann die Schuld dem Schicksal geben."

Der kleine Buddha mochte, was sie sagte. Für ihn würde es keinen Sinn ergeben, wenn alle Verantwortung auf die Sterne geschoben werden könnte. Etwas, an dem man sich orientieren konnte, das ja. Aber ein komplett vorbestimmtes Leben wäre nicht nur traurig, sondern auch ziemlich langweilig. Denn es waren doch die freien Entscheidungen, die den eigenen Weg formten und das Leben jeden Tag aufs Neue spannend machten.

Inzwischen war es dunkel geworden. Die Astrologin stand auf und entzündete die beiden Öllampen, die über ihnen an der Leine hingen. Anschließend füllte sie noch etwas Tee nach.

„Was genau ist ein Geburtsho...?"

„Ein Geburtshoroskop", vervollständigte sie. „Es ist wie eine Landkarte, auf der die Positionen der Planeten im Moment deiner Geburt abgebildet sind. Mithilfe dieser Karte kann ich sehen, was du brauchst, um dich wohl in deiner Haut zu fühlen. Wo deine Stärken liegen und deine Schwächen, was dir schwerfällt und was eher leicht. Was deine Talente sein könnten und welche Herausforderungen vielleicht auf dich warten."

„Die Karte zeigt mir also, was ich tun kann, um glücklich und zufrieden zu sein", fasste der kleine Buddha zusammen.

„Glücklich, aber auch traurig", entgegnete die Astrologin. „Denn traurige Momente wollen genauso gelebt werden wie glückliche. Wenn du Traurigkeit immer wegwischst, sucht sie sich ein geheimes Plätzchen tief in deinem Inneren – und bleibt dort. Wenn die Sterne also andeuten, dass gerade eine herausfordernde Zeitqualität vorherrscht, dann kann dir das helfen, eine traurige Phase zu akzeptieren." Die Astrologin nahm einen tiefen Atemzug. „Und vor allem können dir die Sterne helfen, friedlicher zu sein. Denn wenn du ein Leben führst, das zu dir passt, löst sich der meiste Widerstand in dir auf. Wenn du eigentlich jemand bist, der gerne neue Dinge ausprobiert, du aber immer dasselbe tust und nur selten etwas änderst, dann wirst du früher oder später eine Unruhe spüren. Und diese Unruhe wird dich davon abhalten, mit dir selbst und der Welt im Frieden zu sein."

Der kleine Buddha hatte genug gehört. Jetzt wollte er unbedingt erfahren, was die Sterne über ihn wussten.

„Könntest du so eine Karte für mich anfertigen?"

„Natürlich. Ich muss nur wissen, wann und wo du geboren bist, dann kann ich sie dir zeichnen."

Die Astrologin holte einige dicke Bücher und begann, im schwachen Lampenlicht am Horoskop des kleinen Buddha zu arbeiten. Sie malte zuerst einen großen Kreis auf ein Blatt Papier, dann trug sie nach und nach verschiedene Symbole ein, zog Linien und überprüfte immer wieder ihre Berechnungen.

Der kleine Buddha schaute ihr fasziniert zu und war erstaunt, wie viele Details in solch einer astrologischen Landkarte steckten. Außerdem dauerte es auch viel länger, als er angenommen hatte. Er lehnte sich daher in seinem Sessel zurück und nutzte die Gelegenheit, um in aller Ruhe über den bevorstehenden Neumond nachzudenken. Welchen Neuanfang konnte er in seinem Leben machen? Vielleicht könnte er endlich einen eigenen Garten anlegen, das hatte er schon lange vorgehabt. Vielleicht musste es aber auch gar nichts Konkretes sein. Er könnte sich einfach vornehmen, sich noch öfter daran zu erinnern, dass das Leben nicht ewig dauern würde und deswegen jeder einzelne Moment ein kostbares Geschenk war.

Nach einer guten Stunde war die Astrologin endlich fertig. Die Lesung konnte beginnen.

„Deine Sonne steht im Zeichen Stier in Haus neun. Das bedeutet, dass du wahrscheinlich gerne reist, aber wenn, dann eher langsam und gemütlich. Du sitzt sicher auch gerne in der Stille und genießt dabei das Leben."

Und so ging es weiter. Sie sprach über seinen Mond im Skorpion, der nahelegte, dass er nicht mit oberflächlichen Antworten glücklich werden würde, weil er stets Tiefgang brauchte. Dann seine Venus im Zeichen Zwilling, was die Astrologin vermuten ließ, dass er große Freude daran hatte, viele Menschen kennenzulernen und ihnen auf freundliche Art und Weise Löcher in den Bauch zu fragen. Sie sprach über seinen Saturn, Jupiter und Mars, über Oppositionen und Konjunktionen.

Die Lesung dauerte fast zwei Stunden. Als die Astrologin fertig war, blieben sie schweigend sitzen und lauschten der nächtlichen Stille. Der kleine Buddha war sichtlich beeindruckt – nicht alles, was die Frau von den Sternen übersetzt hatte, traf genau zu, aber dafür, dass sie ihn überhaupt nicht kannte, stimmte erstaunlich viel. Zu viel, als dass es alles hätten Zufälle sein können.

„Willst du etwas wahrlich Geheimnisvolles sehen?", fragte sie nach einer Weile.

„Jetzt?"

Die Frau nickte, erhob sich von ihrem Schaukelstuhl und nahm die beiden Öllampen von der Leine. Eine davon gab sie dem kleinen Buddha und bedeutete ihm, ihr zu folgen. Im flackernden Licht gingen sie zur Rückseite des Hauses, wo eine schmale Leiter aufs Dach hinaufführte. Langsam kletterten sie hoch, bis sie oben auf einem kleinen Plateau angekommen waren. Auf dem Boden lagen zahlreiche Kissen.

„Leg dich auf den Rücken und richte den Blick in den Himmel", flüsterte sie.

Der kleine Buddha stellte die Lampe ab und machte es sich auf den Kissen bequem.

„Bereit?"

Er nickte.

„Dann geht es jetzt los."

Sie hob das Glas der ersten Lampe hoch und pustete die Flamme aus. Direkt danach nahm sie die zweite Lampe und entfernte die letzte irdische Lichtquelle. Während die Lampen erloschen, entzündeten sich am Himmel unzählige funkelnde Sterne. Dem kleinen Buddha stockte der Atem und im nächsten Moment lief eine Träne seine Wange hinunter. Er hatte schon oft den Nachthimmel beobachtet, aber noch nie hatte er so ein strahlendes Sternenmeer bewundern dürfen.

„Dank dem Neumond sieht man die Sterne am nachtschwarzen Himmel besonders gut", sagte die Astrologin. „Es sind viele, nicht wahr?"

Der kleine Buddha konnte nicht antworten. Sprachlos lag er da und starrte in diese unglaublich schöne Welt, die immer da war, aber nur selten so wahrgenommen wurde. Fragen schossen ihm durch den Kopf: Ob es irgendwo dort oben Menschen gab? Hatte der Himmel eine Grenze? Und warum war er überhaupt hier, auf der Erde?

„Ich glaube, das ist das Schönste, was ich je gesehen habe", sagte er tief berührt.

„So fühle ich mich auch jedes Mal, wenn ich bei Neumond hier oben bin", stimmte ihm die Astrologin zu. „Weißt du, wir sind gewiss nicht hilflos dem Schicksal ausgeliefert, jeden Tag treffen wir Entscheidungen und bestimmen die Richtung, in die unser Leben verläuft. Und trotzdem ..." Sie zögerte und ließ ihren Blick durch die funkelnde Nacht wandern. „Trotzdem gibt es eine Ordnung, die sich unter dem scheinbar willkürlichen Chaos befindet. Und die Tatsache, dass eine solche natürliche Ordnung existiert und dass wir ein Teil von etwas viel Größerem sind, gibt mir ein Gefühl von Frieden."

Wieder Stille. Die Sterne schienen unendlich weit entfernt und doch fühlte auch der kleine Buddha, dass er mit dem unendlichen Universum verbunden war. Ganz tief im Inneren spürte er, ein Teil von allem zu sein.

Plötzlich rauschte ein Lichtkegel über sie hinweg.

„Eine Sternschnuppe!“, rief er aufgeregt.

„Wünsch dir was!“

Der kleine Buddha schloss die Augen und lauschte seinem Herzen. Und schon im nächsten Moment wusste er, was es wollte. Er wünschte sich, dass jeder Mensch wenigstens einmal im Leben das unbeschreibliche Gefühl des Einsseins kennenlernen würde, um auf diese Weise wahrhaftigen Frieden zu erleben.

Der zufriedene Hirte

Der kleine Buddha verbrachte die ganze Nacht unter dem Sternenhimmel. Erst nachdem die Sonne aufgegangen war, fielen ihm die Augen zu. Er schlief tief und fest, bis er am frühen Nachmittag von einer frischen Brise geweckt wurde. Als er vom Dach gestiegen war und das Haus betrat, war die Astrologin gerade dabei, neue Karten zu zeichnen.

Sie tranken noch einen Tee zusammen und der kleine Buddha durfte sich an einem großen Obstkorb bedienen. Dann machte er sich auf den Heimweg. Er wäre gerne noch länger geblieben, aber die Astrologin hatte an diesem Nachmittag und auch die darauffolgenden Tage viel zu tun. Sie hatten allerdings vereinbart, dass er alsbald wiederkehren würde, denn er wollte noch viel mehr über die Sprache der Sterne lernen. Und vor allem wollte er noch viele weitere Nächte dort oben auf dem Plateau liegen und den funkelnden Himmel bewundern.

Nachdem sie sich verabschiedet hatten, spazierte der kleine Buddha den restlichen Tag in Richtung seines Bodhi-Baums. Er wusste, dass er irgendwo übernachten musste, da der Weg nach Hause zu weit war. Als es langsam dunkel wurde, hielt er nach einem geeigneten Nachtlager Ausschau, aber überall waren nur Felder und Wiesen, nirgendwo gab es Schutz vor Wind und Wetter. Was, wenn er keinen guten Platz finden würde? Doch anstatt sich Sorgen zu machen, suchte er in aller Ruhe weiter. Er hatte auf seinen Reisen schon oft solche Situationen erlebt, in denen er nicht wusste, wie es weitergehen würde.

Über die Jahre hatte er sich angewöhnt, in solchen Momenten nicht zu verzweifeln, sondern dem Leben voll und ganz zu vertrauen. Irgendeine Lösung hatte sich immer gefunden. So auch dieses Mal: In einiger Entfernung sah er die Silhouette einer Anhöhe, er ging darauf zu und fand schon bald ein ebenerdiges Plätzchen unter einem Felsvorsprung. Etwas trockenes Gras als Unterlage, die Decke ausgepackt – und schon war sein Bett gemacht! Noch müde von der aufregenden Sternennacht, schlief er wenig später ein.

Am nächsten Morgen wachte der kleine Buddha mit der Dämmerung auf und wollte sich schon auf den Weg machen, als er plötzlich innehielt. Ein rasches Aufbrechen wäre angemessen gewesen, wenn er so schnell wie möglich seinen Bodhi-Baum hätte erreichen müssen. Aber war das der Fall? Mit der Zeit hatte der kleine Buddha sich angewöhnt, in solchen Momenten der aufkommenden Eile erst einmal tief durchzuatmen und sich die Zeit zu nehmen, zu beobachten, was gerade passierte. War es wirklich nötig, sich zu beeilen, wenn er langsam ans selbe Ziel kommen würde? Es dauerte einige Atemzüge, dann wurde ihm klar, dass es überhaupt keinen Grund zur Hast gab. Er beschloss daher, unter dem Felsvorsprung sitzen zu bleiben und eine Weile zu meditieren.

Nach und nach erwachte die Welt um ihn herum zum Leben. Er hörte einige summende Bienen, die wahrscheinlich auf dem Weg zur Arbeit waren, und in der Ferne sang ein Vogel. Ein Windhauch strich über sein Gesicht und mit jedem Moment wurde es heller. Schließlich spürte er die sanfte Wärme der ersten Sonnenstrahlen und öffnete die Augen. Der kleine Buddha ließ seinen Blick über die Felder bis zum leuchtenden Horizont gleiten und lächelte. Er war sich nicht sicher, wie es anderen Menschen ging, aber er fand das Leben ohne Eile deutlich schöner.

Als die Sonne schon ein gutes Stück emporgestiegen war, packte er die Decke in die Tasche, trank etwas Wasser und nahm sich einen der Äpfel, die er von der Astrologin bekommen hatte. Dann bedankte er sich mit einer kleinen Verbeugung bei seinem Nachtlager und spazierte los.

Der Weg führte an der Anhöhe vorbei und anschließend wieder über flaches Land, bis er gegen Mittag eine hügelige Gegend erreichte. Das Wandern war nun anstrengender, da es oft auf und ab ging, aber dafür war es auch abwechslungsreicher. Während eines leichten, aber langen Anstiegs war er ganz auf seine Schritte fokussiert, als auf einmal der Schrei eines Esels ertönte. Der kleine Buddha schaute sich um, konnte aber nichts Auffälliges erkennen. Also ging er weiter. Oben auf dem Hügel sah er dann im nächsten Tal nicht nur einen, sondern gleich vier Esel. Sie gingen gemächlich hintereinander in einer Reihe, angeführt von einem Hirten.

Nach einer kurzen Verschnaufpause folgte der kleine Buddha dem Weg nach unten und hatte die Gruppe bald eingeholt. Als sie den Fremden bemerkten, blieben die Esel sofort stehen und drehten sich neugierig zu ihm um. Der Hirte, ein kräftiger Mann mittleren Alters, drehte sich ebenfalls um.

„Hallo“, grüßte der kleine Buddha freundlich.

„Hallo“, antwortete der Hirte, während er ihn genau inspizierte. „Dich kenne ich doch“, sagte er zögernd.

Der kleine Buddha sah sich den Mann nun seinerseits genauer an, aber so sehr er sich Mühe gab, er erkannte ihn nicht.

„Früher hatte ich keine Esel, sondern ...“

„Einen Bären!“

Plötzlich erinnerte sich der kleine Buddha doch. Vor einigen Jahren hatten sie sich getroffen, damals war der Hirte noch ein Dompteur gewesen und mit einer Zirkusgruppe umhergezogen. Sie umarmten sich überschwänglich und freuten sich über das unerwartete Wiedersehen. Da sie sowieso in dieselbe Richtung unterwegs waren, gingen sie nebeneinander den Pfad entlang und erzählten sich dabei, was sie die letzten Jahre erlebt hatten. Der kleine Buddha schwärmte von seinen vielen Reisen und der Hirte berichtete, wie es dazu gekommen war, dass nun vier Esel hinter ihm herliefen.

Als sie sich das letzte Mal gesehen hatten, war er schrecklich unglücklich gewesen, weil seine Arbeit als Dompteur erfordert hatte, den Bären die meiste Zeit in einem Käfig eingesperrt zu halten. Er hatte Angst gehabt, sich vom Bären zu trennen, weil er befürchtete, keine andere Arbeit zu finden. Irgendwann hatte er es aber einfach nicht mehr ertragen, den Bären in Gefangenschaft zu sehen, und ihn tief im Wald freigelassen. Anschließend hatte er den Käfigwagen verkauft und mit dem Geld die vier Esel ersteigert. Wie früher mit dem Zirkus zog er nun von Dorf zu Dorf, aber statt einen dressierten Bären vorzuführen, bot er nun gegen Bezahlung den Transport von Lasten an.

„Im Nachhinein waren meine Sorgen, keine andere Arbeit zu bekommen, unbegründet", stellte der Hirte fest. „Aber ich konnte natürlich nicht sicher sein, dass es gut ausgehen würde."

„Und wie hast du es am Ende doch geschafft, zu vertrauen und diesen Schritt zu wagen?", wollte der kleine Buddha wissen.

Der Hirte überlegte kurz.

„Ich konnte einfach keinen Frieden finden. Ich wollte den Bären nicht mehr leiden sehen und wusste, dass ich mich irgendwann für die Liebe entscheiden musste. Denn meine Liebe zu ihm war größer als meine Angst vor der ungewissen Zukunft."

Der kleine Buddha schaute ihn lächelnd von der Seite an.

„Es scheint, als wäre das eine richtig gute Entscheidung gewesen."

Gemeinsam wanderten sie über die Hügel. Sie erzählten und lachten und staunten, während die Esel hinter ihnen hertrotteten. Oft mussten sie stehen bleiben, weil die Tiere ständig fressen wollten. Der kleine Buddha merkte schon bald, dass es unmöglich war, mit Eseln schnell voranzukommen. Sie waren viel zu stur, als dass sie sich von anderen das Tempo hätten vorgeben lassen. Den kleinen Buddha freute es, denn somit war die Eselwanderung ein natürliches Mittel gegen jegliche Hektik.

Am frühen Nachmittag hielten sie an einem dahinplätschernden Bach. Sie wuschen sich Hände und Gesicht im frischen Wasser und füllten ihre Flaschen auf. Die Esel standen ebenfalls am Ufer und tranken, so viel sie konnten. Als alle ihren Durst gelöscht hatten, gingen sie weiter.

„Hast du vom Krieg gehört?", fragte der Hirte nach einer Weile.

Der kleine Buddha nickte.

„Er scheint nicht enden zu wollen. Beide Seiten haben schwere Verluste zu beklagen, trotzdem kämpfen sie immer weiter. Ich frage mich, woran sie bloß festhalten. An der Macht? An ihrem Stolz? An der Illusion vom Sieg? Die Könige scheinen jedenfalls noch sturer zu sein als meine Esel!"

Sie lachten, aber nur kurz.

„So viel unnötiges Leid", sagte der kleine Buddha. „Jedes Mal, wenn ich daran denke, werde ich ganz traurig."

„Ja, mir geht es genauso", sagte der Hirte und stieß einen langen Seufzer aus. „Es wäre so wichtig, dass der Krieg aufhört, damit die ständige Angst vor Gewalt durch Freude ersetzt werden kann. Was für eine Schande ist es, das Leben nicht genießen zu können! Ich habe es am eigenen Leib erfahren: Jahrelang habe ich eine fürchterliche Unruhe gespürt, verursacht von dem ewigen Konflikt, der sich in meinem Inneren abgespielt hatte. Aus Angst vor Armut habe ich den Bären eingesperrt, obwohl ich ihn in Freiheit sehen wollte." Er hielt inne und blickte sich um zu den Eseln, die ihm unbekümmert folgten. „Meine Liebe zu dem Bären hat mir schließlich den Mut verliehen, zu handeln, aber es gab auch einen egoistischen Grund, etwas zu ändern. Denn irgendwann war mir klar geworden: Solange ich den Frieden anderer Lebewesen störe, kann ich selbst auch keinen Frieden finden."

Beide schwiegen wieder, nur ihre Schritte und das Schnaufen der Tiere waren zu hören.

„Und hast du ihn jetzt gefunden, deinen Frieden?"

„Ja", sagte der Hirte, „aber es hat viel länger gedauert, als ich dachte. Als ich meinen inneren Konflikt endlich gelöst hatte, habe ich mir noch lange Zeit Vorwürfe gemacht, dass ich den Bären nicht schon viel früher freigelassen habe."

„Aber immerhin hast du es überhaupt getan", sagte der kleine Buddha. „Der Bär könnte auch heute noch eingesperrt sein, das wäre doch viel schlimmer."

„Das stimmt. Für mich war es aber nötig, dass ich meine Schuldgefühle irgendwann abgelegt und mit meiner Vergangenheit Frieden geschlossen habe. Ich musste mich mit der Rolle des Dompteurs, die ich so lange eingenommen hatte, versöhnen. Wenn ich das nicht getan hätte, befände ich mich jetzt immer noch im Krieg mit mir selbst."

Der kleine Buddha schaute nachdenklich über die Hügel und dachte daran, wie wichtig es war, dass sich die Menschen mit sich selbst und untereinander versöhnten. Denn ohne Versöhnung war kein Frieden möglich.

„Warum fällt es so schwer zu vergeben?“, wunderte er sich.

Der Hirte überlegte etwas länger.

„Vielleicht aus demselben Grund, aus dem es Königen schwerfällt, einen Krieg zu beenden: Es ist einfacher, Wut festzuhalten, als sie loszulassen. Aber dabei wird vergessen, dass derjenige, der sie festhält, am meisten unter ihr leidet, weil er sie die ganze Zeit mit sich herumschleppt. Deshalb geht es beim Vergeben gar nicht so sehr um die andere Person oder das andere Königreich, sondern darum, die eigene Wut loszulassen. Und vor allem darum, sich selbst zu vergeben. Weder Unschuld vortäuschen noch in Schuld baden, sondern stattdessen die begangenen Fehler akzeptieren und sich ganz viel Liebe schenken.“

Wieder so eine Sache, die sich einfach anhörte, dachte der kleine Buddha. Aber die Umsetzung war oft schwierig. Doch gab es eine Alternative zur Vergebung?

Einer der Esel machte laut „Iah!“ und schon im nächsten Moment blieb der Tross stehen, um weitere Grasbüschel zu verzehren.

„In Wirklichkeit ist es gar nicht so schwer“, sagte der Hirte, als hätte er die Gedanken des kleinen Buddha gelesen. „Schau dir die Esel an: Sie sind zwar stur, aber nicht nachtragend, wenn du mal nicht so freundlich zu ihnen bist. Und ich glaube, einer der Gründe, warum sie nicht nachtragend sind, ist, dass ihre emotionale Intelligenz sehr ausgeprägt ist. Sie gehen sehr klug mit ihren Gefühlen um. Es fällt ihnen nicht schwer zu vergeben, sie tun es einfach.“

„Aber warum fällt es ihnen nicht schwer?“

Der Hirte zuckte mit den Schultern.

„Vielleicht, weil sie weder in der Vergangenheit noch in der Zukunft leben, sondern immer im Hier und Jetzt. Sie müssen nicht loslassen, weil sie gar nicht erst an irgendetwas festhalten."

Der kleine Buddha fand großen Gefallen an diesem Gedanken und lächelte. Er betrachtete die vier Esel, wie sie in aller Ruhe am Wegesrand standen und das Gras kauten.

„Glaubst du, dass die Esel glücklich sind?"

Der Hirte blickte ebenfalls auf seine Tiere.

„Sie haben alles, was sie brauchen", sagte er. „Genügend Nahrung und Wasser, viel Bewegung und einige richtig gute Freunde." Er schaute wieder zum kleinen Buddha. „Ja, ich glaube, sie sind glücklich. Denn sie sind zufrieden."

Der kleine Buddha hörte im Geiste das letzte Wort nachklingen: zufrieden.

„Und was ist mit dir?", wollte er wissen. „Bist du auch zufrieden?"

„Meistens“, schmunzelte der Hirte. „Tieren mag das leichtfallen, für uns Menschen aber ist es eine tägliche Herausforderung. Es ist eine wahre Kunst, die gelernt werden will: Zufrieden sein mit dem, was ist, und mit dem, was man hat, ohne etwas anderes zu wollen.“

Die Esel hatten ihre Fresspause beendet und setzten sich langsam wieder in Bewegung.

„Ich kenne eine Geschichte dazu. Soll ich sie dir erzählen?“

Der kleine Buddha nickte sofort und freute sich. Während sie den nächsten Hügel überquerten, erzählte der Eselhirte also die Geschichte von der Quelle des Lächelns.

Vor langer Zeit lebte eine Geschäftsfrau, die sehr erfolgreich war. Sie hatte riesige Mengen Geld verdient und führte ein Leben in großem Luxus. Aber trotz Erfolg und Reichtum war sie nicht glücklich. In Hoffnung auf Besserung suchte sie daher einen alten Meister auf. Er war berühmt dafür, immer ein glückliches Lächeln im Gesicht zu tragen.

„Ich mache jeden Tag verschiedene Übungen, damit mein Körper noch stärker wird“, sagte die Geschäftsfrau mit verzweifelter Stimme. „Ich lerne neue Fertigkeiten, damit mein Geist noch klüger wird, ich übe mich in Großzügigkeit, damit mein Herz wärmer wird, und ich lese in heiligen Schriften, damit meine Seele weiser wird. Und trotz aller Anstrengung und regelmäßiger Praxis habe ich immer das Gefühl, dass mir etwas fehlt. Ich bin bereit, alles zu tun, um nicht mehr diese Leere und Traurigkeit zu spüren. Bitte sage mir: Was ist dein Geheimnis, was ist die Quelle deines Lächelns?“

Der alte Meister schaute die Frau mitfühlend an, bevor er sein Geheimnis mit ihr teilte:

„Ich übe mich in Zufriedenheit. Denn wenn ich in Frieden bin mit dem, was ist, dann kommt das Lächeln von ganz alleine.“

Das uralte Paar

Graue Wolken bedeckten den Abendhimmel und ein kräftiger Wind wehte über das Land. Die Sonne, die bald untergehen würde, war hinter dem dichten Grau nicht zu sehen. Trotzdem schenkte sie dem ausklingenden Tag noch ein wenig Helligkeit, denn ihr Licht war stärker als die dicksten und dunkelsten Wolken.

Der kleine Buddha war noch eine Weile mit dem Hirten und den vier Eseln in dieselbe Richtung gewandert, bevor sich ihre Wege an einer Kreuzung getrennt hatten. Sie waren sich sicher, dass sie sich wiedersehen würden, aber natürlich konnte das niemand genau wissen. Vielleicht würden sie sich noch oft über den Weg laufen, vielleicht war es aber auch ein endgültiger Abschied gewesen. Nur eines schien sicher: Auf der Reise durchs Leben würde es immer wieder neue Überraschungen geben.

Nachdem der kleine Buddha die hügelige Landschaft hinter sich gelassen hatte, ging er nun über einen holprigen Feldweg und war nicht mehr weit von seinem Bodhi-Baum entfernt. Auch wenn er nicht lange weg gewesen war, freute er sich auf die Heimkehr. Und wie so oft fragte er sich auch dieses Mal, was wohl schöner war: das Losgehen oder das Ankommen?

Während er in Gedanken versunken seinem Ziel entgegenspazierte, tauchten am Horizont auf einmal zwei Personen auf. Er kam schnell näher und hatte sie schon bald eingeholt.

Es waren eine Frau und ein Mann, beide gingen gebückt und mit langsamen Schritten den Weg entlang. Sie hatten tiefe Falten im Gesicht und sahen nicht nur alt, sondern uralt aus. Als der kleine Buddha auf gleicher Höhe mit ihnen war, verlangsamte er sein Tempo und grüßte sie.

„Hallo!"

Die beiden drehten im Gehen ihre Köpfe zu ihm, lächelten freundlich und wollten gerade etwas sagen, da geschah es: Der Mann stolperte und drohte, zu Boden zu fallen. Die Frau konnte nicht so schnell reagieren und sah ihm hilflos zu. Anders der kleine Buddha: Instinktiv griff er nach dem Arm des Mannes, bekam ihn zu fassen und riss ihn in die Höhe. Doch noch bevor der Mann wieder sicher auf seinen Füßen stand, stieß er einen lauten Schmerzensschrei aus. Der kleine Buddha erschrak und ließ ihn sofort los, worauf der Mann beinahe wieder hingefallen wäre. Er schaffte es gerade eben, das Gleichgewicht zu halten.

„Tut mir leid", sagte der kleine Buddha, ohne zu wissen, was eigentlich passiert war. Hatte er zu fest zugepackt? Aber nein, so kräftig war sein Griff doch gar nicht gewesen.

Während der Mann sich mit schmerzverzerrtem Gesicht den Arm hielt, stützte ihn die Frau und blickte zum kleinen Buddha.

„Danke, dass du ihm geholfen hast."

„Aber was ist mit seinem Arm? Habe ich ihm wehgetan?"

„Ja, aber dafür kannst du nichts", beruhigte sie ihn. Behutsam krempelte sie den Hemdsärmel des Mannes hoch und zum Vorschein kam ein weißer Verband, der an mehreren

Stellen von Blut durchtränkt war. Der kleine Buddha schlug sich entsetzt die Hand vor den Mund.

„Was ...?"

„Es geht schon wieder", stotterte der Mann. „Ich muss mich nur kurz hinsetzen."

Der kleine Buddha schaute geschwind in alle Richtungen, aber nirgendwo sah er eine erhöhte Sitzmöglichkeit. Also nahm er seine Decke aus der Tasche, breitete sie auf dem Boden am Wegesrand aus und half dem Mann, sich hinzusetzen. Die Frau ließ sich mit einem dankbaren Lächeln neben ihm nieder.

„Wollt ihr etwas trinken?", fragte er und reichte den beiden seine Flasche. Sie nahmen einige Schlucke, während sich der kleine Buddha vor sie hinhockte.

„Was ist denn bloß passiert?", wollte er wissen.

„Er ist vor einigen Tagen schwer gestürzt und hat eine große Wunde am Arm", sagte die Frau. „Es musste ja alles so geschwind gehen, aber wir sind schon zu alt, wir können nicht mehr so schnell."

„Und wieso diese Eile?"

„Weil wir flüchten mussten."

Die Frau warf ihm einen traurigen Blick zu. Dann begriff der kleine Buddha.

„Seid ihr vor dem Krieg geflohen?"

Das Paar nickte. Plötzlich breitete sich eine nicht greifbare Schwere aus, als würde die dunkle Wolkendecke mit ihrem ganzen Gewicht auf die Realität drücken. Alle drei schwiegen etwas länger und gaben dadurch dem traurigen Moment Raum und Zeit, um zu sein. Dann begann die Frau, von ihrer Flucht zu erzählen.

„In der Nacht hörten wir auf einmal entsetzliches Gebrüll, es kam immer näher. Von der kleinen Anhöhe aus, auf der wir wohnten, sahen wir die ersten Häuser im Dorf in Flammen aufgehen, wir hörten verzweifelte Hilferufe und Todesschreie. Wir mussten fliehen, so schnell wir konnten, und alles zurücklassen, was wir über die Jahre lieb gewonnen hatten: unser Haus, den Garten, die Tiere, unsere Freunde ...“ Sie seufzte und dabei lief ihr eine Träne die Wange hinunter. „Wir hatten keine andere Wahl. Wären wir geblieben, hätten sie uns beide grausam ermordet. Es war uns ja nicht mehr erlaubt, zusammen zu sein.“

Der kleine Buddha sah sie ganz betroffen an. Was für eine schreckliche Geschichte! Wie in jedem Krieg waren es viel zu oft die Unbeteiligten, die die Konsequenzen tragen mussten, dachte er.

„Kann ich irgendetwas für euch tun?“

„Nein, das brauchst du nicht. Du hast schon genug getan.“

„Aber was wollt ihr denn jetzt machen?“

„Wir sind auf dem Weg zu meiner Schwester“, sagte die Frau. „Sie lebt in einem Dorf, nicht weit von hier. Dort können wir erst einmal bleiben.“

Der kleine Buddha blickte zum dämmernden Himmel hinauf. Bevor es gänzlich dunkel wäre, würden sie es auf keinen Fall mehr bis zum nächsten Dorf schaffen.

„Wenn ihr wollt, könnt ihr bei mir übernachten“, bot er den beiden an. „Dann könnt ihr euch ausruhen und morgen in Ruhe zu deiner Schwester gehen.“

Es gab zwar nicht viel Platz unter dem Bodhi-Baum, aber wenn sie ein wenig zusammenrückten, würde es reichen. Der kleine Buddha freute sich, wenn er ihnen helfen konnte. Auf seinen Reisen hatten fremde Menschen oft ihr Zuhause mit ihm geteilt – er wusste also, wie gut es tat, an unbekannten Orten von unbekannten Menschen eine helfende Hand gereicht zu bekommen.

„Das ist nett von dir", sagte die Frau nach kurzem Blickkontakt mit ihrem Mann. „Wir nehmen dein Angebot gerne an."

Der kleine Buddha half dem Paar vorsichtig auf und packte die Decke ein, dann machten sie sich zusammen auf den Weg. Sie waren erst wenige Meter gegangen, da fiel ihm ein, dass er noch etwas fragen wollte.

„Warum hättet ihr denn nicht mehr zusammen sein dürfen?"

Stille.

Da meldete sich der alte Mann zu Wort.

„Meine Frau stammt aus dem Dorf, aus dem wir geflohen sind. Ich hingegen bin auf der anderen Seite der neuen Grenze geboren. Früher gab es diese Grenze nicht, früher waren wir alle Freunde. Jetzt wird erwartet, dass wir Feinde sind."

„Aber ..."

Der kleine Buddha wusste nicht, was er sagen sollte. Der Mann umfasste unterdessen liebevoll mit dem gesunden Arm seine Frau.

„Nein, wir beide können keine Feinde sein. Wie sollte das gehen?"

Die Frau legte für einen Moment ihren Kopf auf die Schulter des Mannes. Dann nahm sie seine Hand und schenkte ihm ein warmes Lächeln. Er lächelte zurück und gemeinsam gingen sie weiter.

Der kleine Buddha blieb stehen und sah ihnen nach. Da waren sie, zwei Menschen, die eigentlich Krieg gegeneinander führen, sich hassen und bekämpfen sollten. Stattdessen liebten sie sich.

Er atmete tief ein, schloss die Augen und spürte den kühlen Wind auf seiner Haut. Mit dem Ausatmen beobachtete er die sich langsam entfernende Silhouette der beiden Geflüchteten. Hand in Hand spazierten sie in die Nacht hinein. Wenn er die Tatsache ignorierte, dass sie uralt und gerade erst knapp einem furchtbaren Krieg entkommen waren, würde er denken, dass es sich um ein frisch verliebtes Paar handelte.

Ein weiterer tiefer Atemzug, dann setzte sich auch der kleine Buddha wieder in Bewegung. Kurz darauf ging er wieder neben ihnen.

„Seid ihr schon lange zusammen?“

„Seit sieben Jahrzehnten", sagte die Frau.

„Das ist ja eine Ewigkeit!", staunte der kleine Buddha. Er konnte sich nicht daran erinnern, je ein solch altes Paar getroffen zu haben, das nach so vielen gemeinsamen Jahren immer noch derart herzlich miteinander umging. Was war wohl das Geheimnis der beiden?

„Streitet ihr nie?"

Die beiden Alten lachten.

„Doch", sagte der Mann, „natürlich streiten wir. Aber selten."

„Und wir gehen nie im Streit zu Bett", fügte die Frau hinzu. „Egal, wie herausfordernd der Tag war, spätestens wenn die Sonne untergeht, erinnern wir uns dankbar daran, was für ein Geschenk es ist, dass wir zusammen sind."

„Ich bin auch oft dankbar", sagte der kleine Buddha. „Dankbar dafür, hier zu sein."

Alle drei blieben fast gleichzeitig stehen.

„Dankbar dafür, hier zu sein", wiederholte die Frau leise. „Genau darum geht es! Die plötzliche Gewalt in unserem Dorf hat uns noch einmal sehr bewusst gemacht, dass unser Glück jederzeit zu Ende sein kann. Dass es keine Selbstverständlichkeit ist, hier zu sein."

Es war inzwischen so dunkel, dass sie nur noch die Umrisse ihrer Gesichter erkennen konnten. Sie gingen weiter und redeten über harmonische Beziehungen, Dankbarkeit und das Hier und Jetzt. Niemand von ihnen wollte, ja niemand konnte das Grauen des Krieges gänzlich ignorieren – und trotzdem waren alle froh, dass sie die Perspektive geändert hatten. Statt über die schlimme Gewalt zu klagen, sprachen sie über Möglichkeiten, Wunden zu heilen und eine andere Welt zu schaffen.

„Eine Welt, in der Kriege nicht mehr nötig sind", sagte der kleine Buddha. „Vielleicht würde es tatsächlich helfen, wenn sich die Menschen öfter dankbar fühlen würden. Denn ich glaube, ohne Dankbarkeit kann niemand Frieden finden."

Wenig später erreichten sie den Bodhi-Baum. Alle waren unheimlich müde – das uralte Paar von der Flucht, der kleine Buddha von den vielen Eindrücken der letzten Tage. Sie richteten den Schlafplatz her, damit alle genügend Platz hatten. Das war gar nicht so einfach, denn fast die ganze Fläche unter der großen Krone war von Wurzeln übersät. Der Baum hatte sich ausgebreitet, als hätte er es sich an diesem Ort richtig gemütlich machen wollen. Zum Glück hatte er aber eine freie Stelle übrig gelassen, genau zwischen zwei großen Wurzeln. Dort schlief der kleine Buddha schon seit vielen Jahren, geschützt vor Wind und Regen durch Tausende Blätter.

Während die Frau und der Mann ihre Decken auspackten und sich zum Schlafen legten, ging der kleine Buddha noch schnell zum nahe gelegenen Bach, um frisches Wasser zu holen. Bestimmt würden sich die Geflüchteten freuen, dachte er, wenn sie sich nach der anstrengenden Reise noch etwas erfrischen konnten. Er füllte also nicht nur seine Flasche auf, sondern auch einen großen Holzeimer.

Als er wieder zurück war, stellte er den Eimer neben einen Busch.

„Ich habe euch Wasser geholt, damit ihr ..."

Doch das uralte Paar war längst eingeschlafen. Er sah die beiden zwischen den Wurzeln liegen, eng umschlungen in vollkommener Harmonie. Der kleine Buddha beobachtete sie eine Weile. Sie hatten so viel Leid erlebt und Angst um ihr Leben haben müssen, doch was sie ausstrahlten, war nichts anderes als Liebe.

Er nahm sich ebenfalls seine Decke und legte sich neben sie. Kurz bevor er einschlief, drehte er sich noch einmal um und dankte ihnen leise:

„Wenn ich irgendwann Zweifel haben sollte, ob Frieden möglich ist, werde ich an euch denken."

Ein besonderer Traum

Am nächsten Morgen war der kleine Buddha wieder alleine unter seinem großen alten Bodhi-Baum. Die Frau und der Mann hatten die am Vorabend verpasste Waschgelegenheit nachgeholt und waren dann direkt weitergezogen, um in das Dorf der Schwester zu gehen. Sie sehnten sich danach, zumindest für eine Weile irgendwo anzukommen und sich richtig ausruhen zu können. Die Strapazen der letzten Tage, die hektische Flucht und das gezwungene Loslassen ihrer Heimat hatten Spuren hinterlassen. Sie brauchten Muße, um den Verlust der Heimat zu betrauern, bevor sie der Heilkraft der Zeit eine Chance geben konnten.

Der kleine Buddha hatte sie mit einer großen Umarmung verabschiedet und ihnen hinterhergeschaut, bis sie am Horizont verschwunden waren. Dann ein langer Seufzer. Jedes Mal aufs Neue fielen sie ihm schwer, diese Abschiede. Auch wenn die Begegnung mit dem uralten Paar nur wenige Stunden gedauert hatte, so hatte er die beiden doch bereits in sein Herz geschlossen. Und was er einmal ins Herz geschlossen hatte, das blieb auch dort.

Er war also ein wenig traurig, wieder alleine zu sein, gleichzeitig war er aber auch froh darüber. Denn der kleine Buddha liebte die Einsamkeit. Er wollte nicht immer alleine sein, nein, aber nie alleine, das ging auch nicht. Die regelmäßige Abgeschiedenheit war wichtig, damit er Zeit mit seiner Lieblingsperson verbringen konnte. Denn es gab nur eine einzige

Person auf der ganzen Welt, mit der er immer zusammen sein würde, vom ersten bis zum letzten Atemzug. Und diese Person war er selbst. Er brauchte die Einsamkeit, um in aller Ruhe aufmerksam lauschen zu können, was sein Geist erzählte und sein Herz fühlte. Es gab so viele Geschichten, so viel, was ihn berührte.

Er nahm den leeren Holzeimer und ging in Richtung Bach. Es schien ein guter Moment zu sein, seine Reise durch die Nachbarschaft zu beenden, dachte er. Jedenfalls vorerst, denn die nächste Reise kam bestimmt. Dabei war es ziemlich egal, wohin sie gehen würde. In den letzten Wochen war ihm noch einmal sehr bewusst geworden, dass das Ziel gar nicht ausschlaggebend war und dass Abenteuer überall gefunden werden konnten. Der gigantische Gipfel am Ende der Welt oder der kleine Hügel um die Ecke, das weit entfernte Meer oder der nahe gelegene See – es waren weniger die Ziele, die er liebte, als das Reisen selbst.

Während der kleine Buddha leichten Schrittes einen Hang hinunterspazierte, fing er an, über die kürzlich erlebten Begegnungen nachzudenken. Alles hatte mit dem ruhelosen Perfektionisten angefangen, der mit seinem grünen Koffer auf der Suche nach dem perfekten Ort war und wahrscheinlich nie Frieden finden würde, weil ihm dazu immer irgendetwas fehlte. Dann hatte er seinen alten Freund besucht, den lachenden Bauern, der die Dinge nicht so ernst nahm und ihm die wundervolle Geschichte von der weisen Frau und der Insel des Friedens erzählt hatte. Was war ihre Botschaft gewesen? Loslassen, immer wieder loslassen.

Der kleine Buddha mochte das Bild einer Friedensinsel. Oder besser: das Bild ganz vieler Friedensinseln, die immer wieder zum Vorschein kamen! Denn ein Frieden, der beständig andauerte, solch einen Frieden gab es nicht. Dafür war das tägliche Leben viel zu stürmisch, viel zu wild und ungezügelt. Was es aber sehr wohl gab, waren einzelne Momente des Friedens, in die jeder Mensch eintauchen konnte. Sie waren überall auf dem großen Meer des Lebens verteilt und in der Tiefe alle miteinander verbunden.

Er dachte an die unschuldige Mücke, die mörderische Gedanken in ihm ausgelöst hatte, bis er ihre störende Gegenwart als willkommenes Geschenk begriffen hatte. Dann an den lauschenden Nussknacker, der weder sich noch andere verurteilte. Auch an die zauberhafte Zahnärztin, die ihm in der Not geholfen und vom friedensstiftenden Ring des Königs erzählt hatte. Der kleine Buddha hätte auch gerne einen solchen Ring gehabt, denn ab und zu passierte ihm, was wohl den meisten Menschen passierte: Er vergaß, dass nichts blieb, wie es war. Dann hoffte er für kurze Zeit, an einem schönen Moment festhalten zu können, aber jedes Mal erinnerte ihn das Leben daran, dass es nicht möglich war, Momente festzuhalten. Doch so schwer es ihm manchmal auch fiel, den konstanten Wandel zu akzeptieren – es lohnte sich. Denn wenn er es schaffte, die Vergänglichkeit zu akzeptieren, fühlte er Frieden.

Nachdem der kleine Buddha am Bach angekommen war und den Eimer aufgefüllt hatte, wusch er sich mit dem frischen Wasser das Gesicht. Er erinnerte sich an den starken Schmied, mit dem er über die friedvolle Kraft der Schwerter gesprochen hatte. An die sanfte Bildhauerin, die ihm gezeigt hatte, dass alles Schöne miteinander verbunden war; an die weinende Schulklasse, die der tiefsten Traurigkeit Raum und Zeit gegeben hatte. Natürlich dachte er auch an die geheimnisvolle Astrologin, die nun ein bisschen weniger geheimnisvoll war und die er schon bald wiedersehen wollte, um von ihr die Sprache der Sterne zu lernen. Er erinnerte sich an den zufriedenen Eselhirten, der sich gegen die Angst und für die Liebe entschieden hatte, und ganz zum Schluss an das uralte Paar, das vor dem Krieg geflohen war, um weiterhin jeden Tag dankbar sein zu können.

Der kleine Buddha nahm den vollen Wassereimer und ging zurück. Er fühlte sich reichlich beschenkt, denn jede einzelne Begegnung war wie ein wertvoller Schatz für ihn. Er hatte neue Geschichten gehört, neue Sichtweisen erfahren und vor allem hatte er neue Freunde gewonnen. Und der wertvollste Teil des Schatzes? Die vielen geteilten Momente!

Als er kurz darauf wieder am Bodhi-Baum eintraf, lag zu seiner Überraschung ein kleines Päckchen auf dem flachen Stein. Der Postbote musste es dort hingelegt haben, als der kleine Buddha am Bach gewesen war. Er stellte den Eimer ab, öffnete das Päckchen und zog ein Buch heraus. Er wusste sofort, dass es das Friedensbuch der Schriftstellerin war, und las gespannt den Titel:

EIN BESONDERER TRAUM.

Er holte tief Luft, dann setzte sich der kleine Buddha auf den Stein und las erneut die Worte auf dem Umschlag.

Noch bevor er die erste Seite aufschlug, hatte ihn das Buch bereits zum Nachdenken gebracht. Was, wenn der Frieden bloß ein Traum war? Eine Utopie, für immer unerreichbar?

Die Sterne halfen den Seglern bei der Orientierung – vielleicht konnte der Traum vom Frieden den Menschen auch als Orientierung dienen? Anlass geben, sich jeden Tag zu fragen, ob ein friedlicheres Leben möglich war und was dafür getan werden musste. Und es dann zu tun. Schritt für Schritt.

Womöglich war das der Unterschied zwischen der Sehnsucht nach Frieden, die der kleine Buddha so oft und so stark spürte, und dem besonderen Traum: die Sehnsucht lud zum ewigen Suchen ein, das Träumen zum Tun. Die Sehnsucht beschrieb, was fehlte – der Traum, was sein könnte.

Er war sich sicher, dass sich die Herzen der Menschen Frieden wünschten. Was musste also in der Welt passieren, fragte er sich, damit dieser Traum Wirklichkeit werden würde? Die Antwort kannte er schon lange und doch war es wichtig, sie immer wieder zu hören: Damit die Welt friedlich sein würde, musste jeder einzelne Mensch Frieden finden.

Der kleine Buddha dachte an einen anderen guten Freund, den Gärtner. Dieser hatte ihm einmal gesagt, dass Bäume von innen nach außen wachsen. Mit dem Frieden verhielt es sich ebenso. Er entstand von innen nach außen.

Die Sonne stieg immer höher, nur einige wenige Wolken waren zu sehen. Der kleine Buddha saß auf dem Stein unter dem Bodhi-Baum und hatte weiterhin das geschlossene Buch in der Hand. Er wollte es noch nicht aufschlagen, er wollte die Vorfreude auf das Lesen so lange wie möglich genießen.

Mit halb geöffneten Augen tauchte er tief in die innere Stille ein, die Stille, die immer da war. Er wusste, dass es zwar auch Momente gab, die so erschütternd waren, dass selbst der stärkste innere Frieden nicht friedlich genug zu sein schien, und trotzdem: Egal, wie gewaltig der Sturm auf der Oberfläche peitschte, in der tiefsten Tiefe herrschte Stille. Und wenn in einem heftigen Konflikt diese innere Stille nicht mehr zu beruhigen vermochte, so konnte sie doch zumindest noch den Weg weisen. Den Weg hinaus aus der Dunkelheit hin zum Licht.

Wahrhaftiger Frieden war so unglaublich kostbar, dachte der kleine Buddha, dass alles dafür getan werden sollte, ihn zu ehren. Ihn stets zu verteidigen, nicht mit Gewalt, sondern mit Liebe.

Der kleine Buddha war sich allerdings auch bewusst, dass Frieden immer nur für einen Moment existierte. Und weil das so war, ahnte er schon seit längerer Zeit, worauf es letzten Endes ankam: Immer wieder Frieden zu schließen mit dem Hier und Jetzt.

Dann schlug er das Buch auf und begann zu lesen.